COLLEC

AIMÉ CÉSAIRE

Les armes miraculeuses

GALLIMARD

Avis de tirs

J'attends au bord du monde les-voyageurs-qui-ne-vien-
   dront-pas
donnez-m'en
du lait d'enfance des pains de pluie des farines
   de mi-nuit et de baobab
mes mains piquées aux buissons d'astres mais cueillies
   d'écume
délacent avant temps
le corsage des verrous
et la foudroyante géométrie du trigonocéphale
pour mon rêve aux jambes de montre en retard
pour ma haine de cargaison coulée
pour mes 6 arbres géants de Tasmanie
pour mon château de têtes en Papouasie
pour mes aurores boréales mes sœurs mes bonnes amies
pour mon amie ma femme mon otarie
ô vous toutes mes amitiés merveilleuses, mon amie, mon
   amour
ma mort, mon accalmie, mes choléras
mes lévriers
mes tempes maudites
et les mines de radium enfouies dans l'abysse des mes
   innocences
sauteront en grains
dans la mangeoire des oiseaux

(et le stère d'étoiles
sera le nom commun du bois de chauffage
recueilli aux alluvions des veines chanteuses de nuit)
à la 61e minute de la dernière heure
la ballerine invisible exécutera des tirs au cœur
à boulets rouges d'enfer et de fleurs pour la première fois
à droite les jours sans viande sans yeux sans méfiance
    sans lacs
à gauche les feux de position des jours tout court et des
    avalanches
le pavillon noir à dents blanches du Vomito-Negro
sera hissé pendant la durée illimitée
du feu de brousse de la fraternité.

Les pur-sang

Et voici par mon ouïe tramée de crissements
et de fusées syncoper des laideurs rêches
les cent pur-sang hennissant du soleil
parmi la stagnation.

Ah! je sens l'enfer des délices
et par les brumes nidoreuses imitant de floches
chevelures — respirations touffues de vieillards
imberbes — la tiédeur mille fois féroce
de la folie hurlante et de la mort.
Mais comment, comment ne pas bénir,
telle que ne l'ont point rêvée mes logiques,
dure, à contre-fil lézardant leur pouacre ramas
et leur saburre, et plus pathétique
que la fleur fructifiante,
la gerce lucide des déraisons.

Et j'entends l'eau qui monte,
la nouvelle, l'intouchée, l'éternelle,
vers l'air renouvelé.

Ai-je dit l'air?

9

Une flueur de cadmium, avec, géantes élevures
expalmées de céruse, de blanches mèches
de tourmente.

Essentiel paysage.

Taillés à même la lumière, de fulgurants nopals
des aurores poussantes, d'inouïs blanchoiements,
d'enracinées stalagmites porteuses de jour

O ardentes lactescences prés hyalins
neigeuses glanes

Vers les rivières de néroli docile des haies
incorruptibles mûrissent de mica lointain
leur longue incandescence.
La paupière des brisants se referme — Prélude —
audiblement des youcas tintent
dans une lavande d'arcs-en-ciel tièdes
des huettes picorent des mordorures.

Qui
rifle
et rafle
le vacarme, par delà le cœur brouillé de ce
troisième jour?

Qui se perd et se déchire et se noie
dans les ondes rougies du Siloé?

Rafale.
Les lumières flanchent. Les bruits rhizulent
la rhizule
fume
silence.

Le ciel bâille d'absence noire

et voici passer
vagabondage sans nom
vers les sûres nécropoles du couchant
les soleils, les pluies, les galaxies
fondus en fraternel magma
et la terre, oubliée la morgue des orages,
qui dans son roulis ourle des déchirures
perdue, patiente, debout
durcifiant sauvagement l'invisible falun,
s'éteignit

et la mer fait à la terre un collier de silence,
la mer humant la paix sacrificielle
où s'enchevêtrent nos râles, immobile avec
d'étranges perles et de muets mûrissements
d'abysse,

la terre fait à la mer un bombement de silence
dans le silence

et voici la terre seule,
sans tremblement et sans trémulement

sans fouaillement de racine
et sans perforation d'insecte

vide

vide comme au jour d'avant le jour...
— Grâce! grâce!
Qu'est-ce qui crie grâce?
Poings avortés, amassements taciturnes, jeûnes
hurrah pour le départ lyrique
brûlantes métamorphoses
dispenses foudroyantes
feu, ô feu
éclair des neiges absolues
cavalerie de steppe chimique
retiré de mer à la marée d'ibis
le sémaphore anéanti
sonne aux amygdales du cocotier
et vingt mille baleines soufflant
à travers l'éventail liquide
un lamantin nubile mâche la braise des orients

La terre ne joue plus avec les blés.
La terre ne fait plus l'amour avec le soleil
La terre ne réchauffe plus des eaux dans le creux
de sa main.

La terre ne se frotte plus la joue avec des touffes
d'étoiles.
Sous l'œil du néant suppurant une nuit

la terre saquée doucement dérive
éternellement

La grisaille suinte à mes yeux, alourdit
mes jarrets, paresse affreusement le long de mes bras.
Moi à moi
Fumée
fumée
de la terre

Entendez-vous parmi le vétiver le cri fort de la sueur.
    Je n'ai point assassiné mon ange. C'est sûr.
à l'heure des faillites frauduleuses, nourri d'enfants
    occultes
et de rêves de terre il y a notre oiseau de clarinette,
luciole crêpue au front fragile des éléphants
et les amazones du roi de Dahomey de leur pelle res-
    taurent
le paysage déchu des gratte-ciel de verre déteint,
de voies privées, de dieux pluvieux, voirie et hoirie de
    roses brouillées
— des mains du soleil cru des nuits lactées.
Mais Dieu? comment ai-je pu oublier Dieu?
je veux dire la Liberté

ô Chimborazo violent
prendre aux cheveux la tête du soleil
36 flûtes n'insensibiliseront point les mains d'arbre à
    pain
de mon désir de pont de cheveux sur l'abîme
de bras de pluies de sciure de nuit

de chèvres aux yeux de mousse remontant les abîmes sans
    rampe
de sang bien frais de voilures au fond du volcan des lentes
    termitières

mais moi homme! rien qu'homme!
Ah! ne plus voir avec les yeux.
N'être plus une oreille à entendre!
N'être plus la brouette à évacuer le décor!
N'être plus une machine à déménager
les sensations!

Je veux le seul, le pur trésor,
celui qui fait largesse des autres.

Homme!
Mais ce début me fait moins qu'homme!
Quelle torpeur! ma tête stupidement
ballotte.
Ma tête rongée est déglutie par mon
corps.
mon œil coule à pic dans la chose
non plus regardée mais regardante.

Homme!
Et voici l'assourdissement violet
qu'officie ma mémoire terrestre,
mon désir frappe aux états simples
je rêve d'un bec étourdi d'hibiscus
et de vierges sentences violettes

s'alourdissant aux lézards avaleurs
de soleil
l'heure bat comme un remords la neige d'un soleil
aux caroncules crève la patte levée
le monde...

Ça y est. Atteint. Comme frappe
la mort brutale. Elle ne fauche pas.
Elle n'éclate pas. Elle frappe silencieusement
au ras du sang, au ras du cœur,
comme un ressentissement,
comme un retour de sang.
Floc

Médullairement

C'est bon
Je veux un soleil plus brillant et de plus
pures étoiles
Je m'ébroue en une mouvance d'images
de souvenirs néritiques de possibles
en suspension, de tendances-larves,
d'obscurs devenirs;

les habitudes font à la vase liquide
de traînantes algues — mauvaisement,
des fleurs éclatent.
Floc

On enfonce, on enfonce comme dans
une musique.

Radiolaires.

Nous dérivons à travers votre sacrifice

d'un dodelinement de vague, je saute
ancestral aux branches de ma végétation.
Je m'égare aux complications
fructueuses.
Je nage aux vaisseaux
Je plonge aux écluses.

Où, où, où vrombissent les hyènes
fienteuses du désespoir?

Non. Toujours ici torrentueuses
cascadent les paroles.

Silence
Silence par delà les rampes
sanguinolentes

par cette grisaille et cette calcination inouïe.

Enfin, lui,
ce vent des méplats, bonheur,
le silence

mon cerveau meurt dans une illumination
avec de fumantes aigrettes d'or fauve

un bourrelet tiédi de circonvolution
par un ricanement de palmes strié
fond
une titillation duvetée nage nage nage
brindilles forêt lac
aérienne une biche

Oh un vide d'incendie Tortures

Où où où
vrombissent les hyènes fienteuses du désespoir?

Renversé sur ma lassitude,
à travers la gaze, des bouffées tièdes
irradient mon inexistence fluide
une saveur meurt à ma lèvre
une flèche file je ne sais pas.

Frisson. Tout le vécu pétarade avec des reprises.

Les bruits se donnent la main et s'embrassent
par-dessus moi.
J'attends. Je n'attends plus.
Délire.

Néant de jour
Néant de nuit
une attirance douce
à la chair même des choses
éclabousse.

Jour nocturne
nuit diurne
qu'exsude
la Plénitude

Ah

Le dernier des derniers soleils tombe.

Où se couchera-t-il sinon en Moi?

A mesure que se mourait toute chose,
Je me suis, je me suis élargi — comme le monde —
et ma conscience plus large que la mer!
Dernier soleil.
J'éclate. Je suis le feu, je suis la mer.
Le monde se défait. Mais je suis le monde

La fin, la fin disions-nous.

Quelle sottise Une paix proliférante
d'obscures puissances. Branchies opacules
palmes syrinx pennes. Il me pousse
invisibles et instants par tout le corps,
secrètement exigés, des sens,

et nous voici pris dans le sacré
tourbillonnant ruissellement primordial
au recommencement de tout.

La sérénité découpe l'attente en prodigieux cactus.
Tout le possible sous la main.
Rien d'exclu.

et je pousse, moi, l'Homme
stéatopyge assis
en mes yeux des reflets de marais, de honte,
d'acquiescement
— pas un pli d'air ne bougeant aux
échancrures de ses membres —
sur les épines séculaires

je pousse, comme une plante
sans remords et sans gauchissement
vers les heures dénouées du jour
pur et sûr comme une plante
sans crucifiement
vers les heures dénouées du soir

La fin!
Mes pieds vont le vermineux cheminement
plante
mes membres ligneux conduisent d'étranges sèves
plante plante

et je dis
et ma parole est paix
et je dis et ma parole est terre
et je dis
et
la Joie

éclate dans le soleil nouveau
et je dis :
par de savantes herbes le temps glisse
les branches picoraient une paix de flammes vertes
et la terre respira sous la gaze des brumes
et la terre s'étira. Il y eut un craquement
à ses épaules nouées. Il y eut dans ses veines
un pétillement de feu.
Son sommeil pelait comme un goyavier d'août
sur de vierges îles assoiffées de lumière
et la terre accroupie dans ses cheveux
d'eau vive
au fond de ses yeux attendit
les étoiles.

« dors, ma cruauté », pensai-je

l'oreille collée au sol, j'entendis
passer Demain

N'ayez point pitié

Fumez marais

les images rupestres de l'inconnu
vers moi détournent le silencieux crépuscule
de leur rire

Fumez ô marais cœur d'oursin
les étoiles mortes apaisées par des mains merveilleuses
    jaillissent
de la pulpe de mes yeux
Fumez fumez
l'obscurité fragile de ma voix craque de cités
flamboyantes
et la pureté irrésistible de ma main appelle
de loin de très loin du patrimoine héréditaire
le zèle victorieux de l'acide dans la chair
de la vie — marais —

telle une vipère née de la force blonde de
                       l'éblouissement.

Soleil serpent

Soleil serpent œil fascinant mon œil
et la mer pouilleuse d'îles craquant aux doigts des roses
lance-flamme et mon corps intact de foudroyé
l'eau exhausse les carcasses de lumière perdues dans le
    couloir sans pompe
des tourbillons de glaçons auréolent le cœur fumant des
    corbeaux
nos cœurs
c'est la voix des foudres apprivoisées tournant sur leurs
    gonds de lézarde
transmission d'anolis au paysage de verres cassés c'est
les fleurs vampires à la relève des orchidées
élixir du feu central
feu juste feu manguier de nuit couvert d'abeilles mon
désir un hasard de tigres surpris aux soufres mais l'éveil
stanneux se dore des gisements enfantins
et mon corps de galet mangeant poisson mangeant
colombes et sommeils
le sucre du mot Brésil au fond du marécage.

Phrase

Et pourquoi pas la haie de geysers les obélisques des
heures le cri lisse des nuages la mer en écart vert pâle
fienté d'oiseaux vauriens et l'espérance roulant ses
billes sur les faîtes et entrefaîtes des maisons et les
déchirures en dorades des surgeons bananiers

dans les hautes branches du soleil sur le cœur heurté des
matins sur le tableau âcre du ciel un jour de craie de
faucon de pluie et d'acacia sur un portulan d'îles pre-
mières secouant leurs cheveux de sel interjetés de
doigts de mâts en toute main à toute fin sous le batte-
ment de cil du hasard aux délices chantées d'ombre
un assassin vêtu d'étamines riches et calmes comme
un chant de vin dur

Poème pour l'aube

les fougues de chair vive
aux étés éployés de l'écorce cérébrale
ont flagellé les contours de la terre
les ramphorinques dans le sarcasme de leur queue
prennent le vent
le vent qui n'a plus d'épée
le vent qui n'est plus qu'une gaule à cueillir
   les fruits de toutes les saisons du ciel
mains ouvertes
mains vertes
pour les fêtes belles des fonctions anhydrides
il neigera d'adorables crépuscules sur les mains coupées
   des mémoires respirantes
et voici
sur les rhagades de nos lèvres d'Orénoque désespéré
l'heureuse tendresse des îles bercées par la poitrine
   adolescente des sources de la mer
et dans l'air et le pain toujours renaissant des efforts
   musculaires
l'aube irrésistible ouverte sous la feuille
telle clarteux l'élan épineux des belladones

Visitation

ô houle annonciatrice sans nombre sans poussière de
toute parole vineuse
houle et ma poitrine salée des anses des anciens jours
et la jeune couleur
tendre aux seins du ciel et des femmes électriques
de quels diamants

forces éruptives tracez vos orbes
communications télépathiques reprenez à travers la
matière réfractaire
messages d'amour égarés aux quatre coins du monde
revenez-nous ranimés
par les pigeons voyageurs de la circulation sidérale

pour moi je n'ai rien à craindre je suis d'avant Adam
je ne relève ni du même lion
ni du même arbre je suis d'un autre chaud et d'un autre
froid
ô mon enfance lait de luciole et frisson de reptile

mais déjà la veille s'impatientait vers l'astre et la poterne
et nous fuyions
sur une mer cambrée incroyablement plantée de poupes
de naufrages

vers une rive où m'attendait un peuple agreste et péné-
treur de forêts avec aux mains
des rameaux de fer forgé — le sommeil camarade
sur la jetée — le chien bleu de la métamorphose
l'ours blanc des icebergs et Ta très sauvage disparition
tropicale comme une apparition de loup nocturne
en plein midi

Mythologie

à larges coups d'épée de sisal de tes bras fauves
à grands coups fauves de tes bras libres de pétrir l'amour
    à ton gré batéké
de tes bras de recel et de don qui frappent de clair-
    voyance les espaces aveugles baignés d'oiseaux
je profère au creux ligneux de la vague infantile de tes
    seins le jet du grand mapou
né de ton sexe où pend le fruit fragile de la liberté

Perdition

nous frapperons l'air neuf de nos têtes cuirassées
nous frapperons le soleil de nos paumes grandes ouvertes
nous frapperons le sol du pied nu de nos voix
les fleurs mâles dormiront aux criques des miroirs
et l'armure même des trilobites
s'abaissera dans le demi-jour de toujours
sur des gorges tendres gonflées de mines de lait
et ne franchirons-nous pas le porche
le porche des perditions ?
un vigoureux chemin aux veineuses jaunissures
tiède
où bondissent les buffles des colères insoumises
court
avalant la bride des tornades mûres
aux balisiers sonnants des riches crépuscules

Survie

Je t'évoque
bananier pathétique agitant mon cœur nu
dans le jour psalmodiant
je t'évoque
vieux hougan des montagnes sourdes la nuit
juste la nuit qui précède la dernière
et ses roulements d'ennui frappant à la poterne folle
    des villes enfouies
mais ce n'est que le prélude des forêts en marche au cou
    sanglant du monde
c'est ma haine singulière
dérivant ses icebergs dans l'haleine des vraies flammes
donnez-moi
ah donnez-moi l'œil immortel de l'ambre
et des ombres et des tombes en granit équarri
car l'idéale barrière des plans moites et les herbes aqua-
    tiques
écouteront aux zones vertes
les truchements de l'oubli se nouant et se dénouant
et les racines de la montagne
levant la race royale des amandiers de l'espérance
fleuriront par les sentiers de la chair
(le mal de vivre passant comme un orage)
cependant qu'à l'enseigne du ciel
un feu d'or sourira
au chant ardent des flammes de mon corps

Au delà

d'en bas de l'entassement furieux des songes épouvan-
tables
les aubes nouvelles
montaient
roulant leurs têtes de lionceaux libres
le néant niait ce que je voyais à la lumière
plus fraîche de mes yeux naufragés
mais — des sirènes sifflant de puissance sourde —
la faim des heures manquées agaça l'aigle farouche
du sang
les bras trop courts s'allongèrent de flammes
les désirs éclatèrent en grisou violent dans la ténèbre
des cœurs lâches
le poids du rêve bascula dans le vent des flibustes
— merveille de pommes douces pour les oiseaux des
branches —
et des bandes réconciliées se donnèrent richesse dans
la main d'une femme assassinant le jour

Les armes miraculeuses

Le grand coup de machete du plaisir rouge en plein
front il y avait du sang et cet arbre qui s'appelle
flamboyant et qui ne mérite jamais mieux ce nom-là
que les veilles de cyclone et de villes mises à sac le
nouveau sang la raison rouge tous les mots de toutes
les langues qui signifient mourir de soif et seul quand
mourir avait le goût du pain et la terre et la mer un
goût d'ancêtre et cet oiseau qui me crie de ne pas me
rendre et la patience des hurlements à chaque détour
de ma langue

la plus belle arche et qui est un jet de sang
la plus belle arche et qui est un cerne lilas
la plus belle arche et qui s'appelle la nuit
et la beauté anarchiste de tes bras mis en croix
et la beauté eucharistique et qui flambe de ton sexe
au nom duquel je saluais le barrage de mes lèvres
violentes

il y avait la beauté des minutes qui sont les bijoux au
rabais du bazar de la cruauté le soleil des minutes
et leur joli museau de loup que la faim fait sortir
du bois la croix-rouge des minutes qui sont les murènes
en marche vers les viviers et les saisons et les fragilités

immenses de la mer qui est un oiseau fou cloué feu
sur la porte des terres cochères il y avait jusqu'à la
peur telles que le récit de juillet des crapauds de
l'espoir et du désespoir élagués d'astres au-dessus
des eaux là où la fusion des jours qu'assure le borax
fait raison des veilleuses gestantes les fornications
de l'herbe à ne pas contempler sans précaution les
copulations de l'eau reflétées par le miroir des mages
les bêtes marines à prendre dans le creux du plaisir
les assauts de vocables tous sabords fumants pour
fêter la naissance de l'héritier mâle en instance paral-
lèle avec l'apparition des prairies sidérales au flanc
de la bourse aux volcans d'agaves d'épaves de silence
le grand parc muet avec l'agrandissement silurien de
jeux muets aux détresses impardonnables de la chair
de bataille selon le dosage toujours à refaire des
germes à détruire

scolopendre scolopendre
jusqu'à la paupière des dunes sur les villes interdites
    frappées de la colère de Dieu
scolopendre scolopendre
jusqu'à la débâcle crépitante et grave qui jette les villes
    naines à la tête des chevaux les plus fougueux quand
    en plein sable elles lèvent
leur herse sur les forces inconnues du déluge
scolopendre scolopendre
crête crête cimaise déferle déferle en sabre en crique
    en village
endormi sur ses jambes de pilotis et des saphènes d'eau
    lasse
dans un moment il y aura la déroute des silos flairés
    de près

le hasard face de puits de condottiere à cheval avec
    pour armure les flaques artésiennes et les petites
    cuillers des routes libertines
face de vent
face utérine et lémure avec des doigts creusés dans les
    monnaies et la nomenclature chimique
et la chair retournera ses grandes feuilles bananières
    que le vent des bouges hors les étoiles qui signalent
    la marche à reculons des blessures de la nuit vers
    les déserts de l'enfance feindra de lire
dans un instant il y aura le sang versé où les vers lui-
    sants tirent les chaînettes des lampes électriques pour
    la célébration des compitales
et les enfantillages de l'alphabet des spasmes qui fait
    les grandes ramures de l'hérésie ou de la connivence
il y aura le désintéressement des paquebots du silence
    qui sillonnent
jour et nuit les cataractes de la catastrophe aux environs
    des tempes savantes en transhumance
et la mer rentrera ses petites paupières de faucon et
    tu tâcheras de saisir le moment le grand feudataire
    parcourra son fief à la vitesse d'or fin du désir sur
    les routes à neurones regarde bien le petit oiseau
    s'il n'a pas avalé l'étole le grand roi ahuri dans la
    salle pleine d'histoires adorera ses mains très nettes
    ses mains dressées au coin du désastre alors la mer
    rentrera dans ses petits souliers prends bien garde
    de chanter pour ne pas éteindre la morale qui est la
    monnaie obsidionale des villes privées d'eau et de
    sommeil alors la mer se mettra à table tout douce-
    ment et les oiseaux chanteront tout doucement dans
    les bascules du sel la berceuse congolaise que les
    soudards m'ont désapprise mais que la mer très

pieuse des boîtes crâniennes conserve sur ses feuillets rituels

scolopendre scolopendre

jusqu'à ce que les chevauchées courent la prétentaine aux prés salés d'abîmes avec aux oreilles riche de préhistoire le bourdonnement humain

scolopendre scolopendre

tant que nous n'aurons pas atteint la pierre sans dialecte la feuille sans donjon l'eau frêle sans fémur le péritoine séreux des soirs de source

Prophétie

là où l'aventure garde les yeux clairs
là où les femmes rayonnent de langage
là où la mort est belle dans la main comme un oiseau
  saison de lait
là où le souterrain cueille de sa propre génuflexion un luxe
  de prunelles plus violent que des chenilles
là où la merveille agile fait flèche et feu de tout bois

là où la nuit vigoureuse saigne une vitesse de purs
  végétaux

là où les abeilles des étoiles piquent le ciel d'une ruche
  plus ardente que la nuit
là où le bruit de mes talons remplit l'espace et lève à
  rebours la face du temps
là où l'arc-en-ciel de ma parole est chargé d'unir demain
  à l'espoir et l'infant à la reine,

d'avoir injurié mes maîtres mordu les soldats du sultan
d'avoir gémi dans le désert
d'avoir crié vers mes gardiens
d'avoir supplié les chacals et les hyènes pasteurs de
  caravanes

35

je regarde
la fumée se précipite en cheval sauvage sur le devant de la
scène ourle un instant la lave de sa fragile queue de
paon puis se déchirant la chemise s'ouvre d'un coup la
poitrine et je la regarde en îles britanniques en îlots
en rochers déchiquetés se fondre peu à peu dans la mer
lucide de l'air
où baignent prophétiques
ma gueule
        ma révolte
                mon nom.

Tam-tam de nuit

train d'okapis facile aux pleurs la rivière aux doigts
    charnus
fouille dans le cheveu des pierres mille lunes miroirs
    tournants
mille morsures de diamants mille langues sans oraison
fièvre entrelacs d'archet caché à la remorque des mains
    de pierre
chatouillant l'ombre des songes plongés aux simulacres
    de la mer

Nostalgique

ô lances de nos corps de vin pur
vers la femme d'eau passée de l'autre côté d'elle-même
aux sylves des nèfles amollies
davier des lymphes mères
nourrissant d'amandes douces d'heures mortes de stipes
    d'orage
de grands éboulis de flamme ouverte
la lovée massive des races nostalgiques

Le cristal automatique

allo allo encore une nuit pas la peine de chercher c'est
moi l'homme des cavernes il y a les cigales qui étour-
dissent leur vie comme leur mort il y a aussi l'eau verte
des lagunes même noyé je n'aurai jamais cette couleur-
là pour penser à toi j'ai déposé tous mes mots au monts
de-piété un fleuve de traîneaux de baigneuses dans le
courant de la journée blonde comme le pain et l'alcool
de tes seins allo allo je voudrais être à l'envers clair de la
terre le bout de tes seins a la couleur et le goût de cette
terre-là allo allo encore une nuit il y a la pluie et ses
doigts de fossoyeur il y a la pluie qui met ses pieds dans
le plat sur les toits la pluie a mangé le soleil avec des
baguettes de chinois allo allo l'accroissement du cristal
c'est toi... c'est toi ô absente dans le vent et baigneuse
de lombric quand viendra l'aube c'est toi qui poindras
tes yeux de rivière sur l'émail bougé des îles et dans ma
tête c'est toi le maguey éblouissant d'un ressac d'aigles
sous le banian

Conquête de l'aube

Nous mourons notre mort dans des forêts d'eucalyptus
  géants dorlotant des échouages de paquebots sau-
  grenus,
dans le pays où croître
drosera irrespirable
pâturant aux embouchures des clartés somnambules
ivre
très ivre guirlande arrachant démonstrativement
nos pétales sonores
dans la pluie campanulaire de sang bleu,

Nous mourons
avec des regards croissant en amours extatiques dans des
  salles vermoulues,
sans parole de barrage dans nos poches, comme une île
  qui sombre dans l'explosion brumeuse de ses polypes
  — le soir,

Nous mourons
parmi les substances vivantes renflées anecdotiquement
  de préméditations
arborisées qui seulement jubilent, qui seulement s'insi-
  nuent au cœur même

de nos cris, qui seulement se feuillent de voix d'enfant,
  qui seulement
rampent au large des paupières dans la marche percée
  des sacrés myriapodes
des larmes silencieuses,

Nous mourons d'une mort blanche fleurissant de mos-
  quées son poitrail d'absence splendide où l'araignée de
  perles salive son ardente mélancolie de monère convul-
  sive

dans l'inénarrable conversion de la Fin.

Merveilleuse mort de rien.

Une écluse alimentée aux sources les plus secrètes de
  l'arbre du voyageur
s'évase en croupe de gazelle inattentive

Merveilleuse mort de rien

Les sourires échappés au lasso des complaisances
écoulent sans prix les bijoux de leur enfance
au plus fort de la foire des sensitives en tablier d'ange
dans la saison liminaire de ma voix
sur la pente douce de ma voix
à tue-tête
pour s'endormir.

Merveilleuse mort de rien

Ah! l'aigrette déposée des orgueils puérils
les tendresses devinées
voici aux portes plus polies que les genoux de la prosti-
     tution —
le château des rosées — mon rêve
où j'adore
du dessèchement des cœurs inutiles

(sauf du triangle orchidal qui saigne violent comme le
     silence des basses terres)
jaillir

dans une gloire de trompettes libres à l'écorce écarlate
cœur non crémeux, dérobant à la voix large des précipices
d'incendiaires et capiteux tumultes de cavalcade.

Débris

Et merde comme aucune la mer sans sape sans poste
  d'écoute sans pare-éclats
sans boyaux excoriée de lunes rompues sur les genoux de
  fer de la nuit
si céphalopode ex-voto des houillères je dressais contre
  son sein mon gueuloir
d'Antille verte
corymbe des jours corymbe des nuits
vers l'hermaphrodite Rien grand erre cultivant son âme
  prieure et porteuse de croix
merde entre veille et sommeil de sensitive moi debout
  dans les champs du sang et du couchant tapant leurs
  chansons d'hernandia sonora
et ta langue bifide que ma pureté révère, Révolte
dans les débris
c'est la mer baveuse de gorgones et d'isis et mes yeux et
  l'air harnaché
pluie et or des balles de l'orgasme, tes yeux
merde c'est la mer sans allèle qui ouvre ses éventails et
  fait bruire ses noix c'est la mer qui abat toutes ses cartes
  chromosiennes c'est la mer qui imprime un fleuve de
  troupeaux et de langues par en dessous la paume des
  terres létales et le vent la poche pleine de naufrages à la
  bouche de source aussi fraîche que ta pensée que je
  perds et que je traque entre veille et sommeil

c'est la mer ma chère cariophylle et vierge moussant vers l'hermaphrodite Rien ses excellentes feuilles de femme et de renoncule où s'accomplissent des spermatozoïdes d'oiseau parfait

comme le soleil ma chère comme le soleil grenouille éclaboussée dans son nid de boue sèche.

Investiture

vol de cayes de mancenilliers de galets de ruisseau
baliste intimité du souffle
toute l'eau de Kananga chavire de la Grande Ourse à
    mes yeux
mes yeux d'encre de chine de Saint-Pierre assassiné
mes yeux d'exécution sommaire et de dos au mur
mes yeux qui s'insurgent contre l'édit de grâce
mes yeux de Saint-Pierre bravant les assassins sous la
    cendre morte
des purs mille défis des roses de Jéricho
O mes yeux sans baptême et sans rescrit
mes yeux de scorpène frénétique et de poignard sans
    roxelane
je ne lâcherai pas l'ibis de l'investiture folle de mes mains
    en flammes.

La forêt vierge

je ne suis pas de ceux qui croient qu'une ville ne doit pas
s'élever jusqu'à la catastrophe encore un tour de rein
de cou d'étage ce sera le déclic du promontoire je ne
suis pas de ceux qui luttent contre la propagation du
taudis encore une tache de merde ce sera le marais vrai.
Vrai la puissance d'une cité n'est pas en raison inverse
de la saleté de ses ménagères pour moi je sais bien le
panier où ne roulera jamais plus ma tête. Vrai la puis-
sance d'un regard n'est pas en fonction inverse de sa
cécité pour moi je sais bien où la lune ne viendra pas
poser sa jolie tête d'affaire étouffée. Au coin du tableau
le désespoir inférieur et ma gueule de primate caressée
depuis trois cents ans. Au centre la centrale télépho-
nique et l'usine à gaz en pleine anthèse (trahison des
houilles et des maréchaux). Au coin ouest-ouest le
métabolisme floral et ma gueule de primate démantelée
depuis trois cents ans la fumée nopal nopal au paysage
repu les figuiers étrangleurs font leur apparition salivée
de ma gueule de mufle de sphinx démuselée depuis le
néant. Où allez-vous ma femme marron ma restituée
ma cimarronne les morts pour la patrie défont leurs
tranquilles oreillers de jungle au creux des pièges à
dormir; les volcans émettent leur gueule silencieuse
de veuve et de laboratoire, les jolis parachutes des
années sautent dans le vide et lancent à la petite

semaine leurs tracts de rue de blé-de-rue de femmes à
prendre et à quitter car il y a toujours l'air et ses
moraines l'œstre de l'air les avalanches de l'air et les
empires paternes claquant au vent galant de la justice
mais les femmes du matin trébuchent dans leurs cau-
chemars de nuit et viennent s'écraser sur le trottoir où
il n'y a plus ni police ni crime mais des dieux à confir-
mer et le docteur angélique forçant sa face de pas géo-
métriques à travers les champs du sabotage Où allez-
vous ma femme marron ma restituée ma cimarronne
il vit à pierre fendre et la limaille et la grenaille trem-
blent leur don de sabotage dans les eaux et les saisons
Où allez-vous ma femme marron ma restituée ma
cimarronne le cœur rouge des pierres les plus sombres
s'arrête de battre quand passent les cavaliers du sperme
et du tonnerre De tribord à bâbord ne déchiffre pas
les paroles du vent de bâbord à tribord les îles du vent
et sous le vent la démence qui est la figure du printemps
c'est midi je te sais gré de tes fantômes heure seule et
la première pour la Virgen de la Caridad et son frais
minois d'exaction coloniale A midi gardé par les
euphorbes fétiches le soleil le bourreau la poussée
des masses la routine de mourir et mon cri de bête
blessée de bête ce n'est pas la peine de l'achever ni
de l'adorer de bête incompatible les jours y approvi-
sionnent le fait-divers incompréhensible de l'équinoxe
jouant sur l'automatisme des élections sanglantes et
du rhum à bon marché de villes-de-cave où les habi-
tacles du salpêtre déclinent leur nom aux carrefours
enténébrés de fer-de-lances de lovées d'instants de
charrascal des câbles à haute tension des forêts du ciel
chargé des épis de la pluie avec l'embouteillage
systématique des ruts jusqu'à ce que mort s'ensuive

47

et c'est ainsi jusqu'à l'infini des fièvres la formidable
écluse de la mort bombardée par mes yeux à moi-
même aléoutiens qui de terre de ver cherchent parmi
terre et vers tes yeux de chair de soleil comme un
négrillon la pièce dans l'eau où ne manque pas de
chanter la forêt vierge jaillie du silence de la terre de
mes yeux à moi-même aléoutiens et c'est ainsi le saute-
mouton salé des pensées hermaphrodites des appels
de jaguars de source d'antilope de savanes cueillis
aux branches de mes yeux pour toi aussi aléoutiens
lancés à travers leur première grande aventure : la
cyathée merveilleuse sous laquelle s'effeuille une jolie
nymphe parmi le lait des mancenilliers et les accolades
des sangsues fraternelles.

Annonciation

A André Breton.

Des sangs nouveaux de mokatine sonnant à la viande s'accrochent aux branches du soleil végétal; ils attendent leur tour.

Un mouvement de palmes dessine le corps futur des porteuses aux seins jaunes moisson germante de tous les cœurs révélés.

Le pitt du flambeau descendant jusqu'à l'extrême pointe fait à la faiblesse de la ville une rosace amicale amarrée de lianes jeunes au vrai soleil de vrai feu de terre vraie : annonciation.

Pour l'annonciation des porteuses de palmiers de mokatine amarrés au soleil du pitt de flambeaux — œil vert bagué de jaune d'oxyde chargé de lunes œil de lune chargé de torches — œil des torches tordez l'engrais discret des lacs dénoués.

Tam-tam I

A Benjamin Péret.

à même le fleuve de sang de terre
à même le sang de soleil brisé
à même le sang d'un cent de clous de soleil
à même le sang du suicide des bêtes à feu
à même le sang de cendre le sang de sel le sang des
    sangs d'amour
à même le sang incendié d'oiseau feu
hérons et faucons
montez et brûlez

Tam-tam II

Pour Wifredo.

à petits pas de pluie de chenilles
à petits pas de gorgée de lait
à petits pas de roulements à billes
à petits pas de secousse sismique
les ignames dans le sol marchent à grands pas de trouées
    d'étoiles
de trouée de nuit de trouée de Sainte
Mère de Dieu
à grands pas de trouée de paroles dans un gosier de
    bègue
orgasme des pollutions saintes
alleluiah

Le grand midi

(Fragment)

— Halte, halte d'auberge! Plus outre! Plus bas! Halte
    d'auberge! L'impatient devenir, fléchant de réveils et
    de fumées,
orteils sanglants se dressant en coursiers,

insurrection
se lève!

Reine du vent fondu
— au cœur des fortes paix —
gravier, brouhaha d'hier
reine du vent fondu mais tenace mémoire
c'est une épaule qui se gonfle
c'est une main qui se desserre
c'est une enfant qui tapote les joues de son sommeil
c'est une eau qui lèche ses babines d'eau
vers des fruits de noyés succulents,
gravier, brouhaha d'hier, reine du vent fondu...

Essaim dur. Guerriers ivres ô mandibules caïnites
éblouissements rampants, paradisiaques thaumalées
jets, croisements, brûlements et dépouillements
ô poulpe

crachats des rayonnements
pollen secrètement bavant les quatre coins cardinaux
moi, moi seul, flottille nolisée
m'agrippant à moi-même
dans l'effarade de l'effrayante gueulée vermiculaire.

Seul et nu!

Les messages d'atomes frappent à même et d'incroyables
baisers gargouillant leurs errances qui se délitent
et des vagissements et des agonisements comme des lys
perfides éclatant dans la rosace et l'ensablement et la
   farouche occultation des solitudes.

Je bourlingue
à travers le lait tendre des lumières et les lichens
et les mitoses et l'épaisse myéline
et l'éozoon
et les brouillards et les mites de la chaleur hurlante.

O immense frai du jour aux yeux verts broutant des
   fleurs
de cervelles éclatantes

l'œil nu non sacré de la nuit récite en son opacité même
   le genêt de mes profondeurs et de ma haine!

Mon beau pays aux hautes rives de sésame
où fume de noirceurs adolescentes la flèche de mon
   sang de bons sentiments!

Je bourlingue
gorge tendue à travers les mystérieux rouissements, les
    atolls enroulés,
les têtards à face de molosse, les levures réticentes et
    les délires de tonnerre bas
et la tempête sacrée des chromosomes,
gorge tendue, tête levée et l'épouvante première et les
    délires secrets
incendiant dans mon crâne des frénésies d'or, gorge
    tendue, tête levée,
à travers les patiences, les attentes, les montées, les
    girations,
les métamorphoses, les coalescences, l'écaillement icté-
    rique des futurs paysages,
gorge lourde, tête levée, tel un nageur têtu,
à travers les pluvieuses mitraillades de l'ombre
à travers le trémail virevoltant du ciel
à travers le ressac et l'embrun pépiant neuf
à travers le pertuis désemparé des peurs
tête levée
sous les pavois
dans le frisselis des naissances et des aubes!...

Le sang du monde une lèvre salée
vertement à mon oreille aiguë
sanglote
gréée de foudres
ses fenaisons marines.

O embrassements sans portulan.
Qu'importe?
jaillissant palmier

fontaine irrésistible, ombelle,
ma hourde
lourde
écrase
la
vase
avance
et
monte!
Ah! cime! demain flexible,
virgule d'eau, ma hourde lourde, sans chamulque, à
    contre-flot
écrase la cime fine qui s'amenuise.

Écume!

Je ne cherche plus : j'ai trouvé!

L'amour s'accroche aux branches
l'amour perce les narines du soleil; l'amour, d'une dent
    bleue
happe la blanche mer.

Je suis la colonne du matin terrassé
Je suis la flamme juste de l'écorce brûlée;
dans le bocage de mes cinq doigts toute la forêt debout
    rougit, oui,
rougit au-dessus des abîmes les cent mille pointes
des danses impavides.
Large, ah! plus large! disperser au carrefour de mes
    reins les cavaleries frappées d'amour!

broutantes fongosités
l'abîme a soufflé la bulle vivante des collines
broutantes fongosités
élan assassiné
ne partirez-vous point?
Suivrais-je déjà les lourds chemins bis des pluies et des
 coxalgies?
Mon amour sans pourquoi fait une roue de serpent tiède
mon amour sans pourquoi fait un tour de soleil blanc
mon amour aux entrailles de temps dans une désolation
 brusque
de sauge et de glaucome gratte sabot inquiet le bombax
 de la savane sourde.

M'avancerais-je caressé déjà de soleil pâle vers les ciels
où mes crimes et le long effilochement d'herbes de mes
 enfers colonisés
luiront comme des oreilles trépassées dans la caverne
 des Requiems?
O oiseau du soleil aux durs becs renaissants
fraternel minuit, seul estuaire où bouillir ma darne indif-
 férence
j'entends le souffle des aralies,
la creuse lumière des plages,
le tisonnement des soleils marins,
et les silences
et les soirs chevelus aux ricanements noueux
et sur la clapotante batterie des grenouilles l'âcre per-
 sévérance
nocturne!
Qui fêle ma joie? Qui soupire vers le jour?
Qui conspire sur la tour?

Mon sang miaule
des cloches tintent dans mes genoux.
O l'aptère marche de l'homme dans le sable hérissée.
Demain? Mais déjà cet aujourd'hui me fuit, s'effondre,
    muette divinité que gorge
une lasse noyade à travers la bonace!

— Lâche, lâche soupir! et ceinturant la nucelle
de son gargouillement, la mort, l'autre mort, lambruche
    aigre et vivace!
misère

Ah! Je défaille, ce son! Il entre par mes talons, racle
    mes os,
étoile rose et gris parmi le bouillonnement de mon crâne.
Arrête! j'avoue, j'avoue tout. Je ne suis pas un Dieu.
    Cicindelle!
Cicindelle! Cicindelle!

Lumière. Ah! pourquoi ce refus?
Quel ruissellement de sang!
Sur ma face.
En épaisse glu le long de mes épaules!
Ma décrépitude à genoux sanglote éperdument.

Ding!

D'incroyables sorties se précipitent! Sur des biseaux de
    voie lactée

j'accroche la fleur foudroyée en oiseau,
j'incendie aux mille et une cloches inefficaces
le puissant tocsin de mes neuves salives.

Tiédeur.
Souffle vireux. Morsures, caïeu sanglant à travers les
    névroses...
Quelque part dans le monde un tam-tam bat ma
    défaite,
Des tiges de lumière brute sous les machettes
et dans le dérèglement tombent.

Arums d'amour
me bercerez-vous plus docile que l'agami

mes lèpres et mes ennuis?

Tam-tams de sang
papayers de l'ombre
Mumbo-jumbo dur tipoyeur
Kolikombo dur tipoyeur
Kolikombo goutte de nuit au cœur jaune de pensée
Kolikombo aux larges yeux de cassave claire
Kolikombo milan de feu tassé dans l'oreille des années
Kolikombo
Kolikombo
Kolikombo
dans les tourbillonnants beuglements des cécropies...

Un panache de monde
tranquillement s'installe et parfile la pariade métallique

dans ce boulottement d'incendie. Pluie!
(je ne comprends pas car je n'ai point convoqué d'onde)
pluie
(je ne comprends pas car je n'ai point expédié mes mes-
sages pariétaux)
pluie, pluie, pluie
éclatant parmi moi ses épaules électriques.

— Enos! toute ma vie trouverai-je aux statiques carre-
fours
foisonnant aux mains pâles des tremblements et des
silences
ta monarchie nocturne et ta paix violacée?
Arrière! je suis debout; mon pied hihane vers de moins
plats pays!

Je marcherai plein d'une dernière et plantureuse ivresse,
mon or
et mes sanglots dans mon poing couchés contre mon
cœur!

Ah! jeter l'ancre de nos ongles nets dans la pouture
du jour!

Attendre? Pourquoi attendre?

le palmier à travers ses doigts s'évade comme un
remords
et voici le martèlement et voici le piétinement
et voici le souffle vertigineux de la négation sur ma face
de steppe et de charrascal

Je pars. Je n'arriverai point. C'est égal, mais je pars sur
la route des arrivées avec mon rire prognathe.
Je pars. Le trisme du désespoir ne déforme point ma
bouche.
Tant pis pour les corbeaux : très loin jouent les pibrochs.

Je pars, je pars. Mer sans ailleurs, ô recreux sans
départ
je vous dis que je pars : dans la clarté aréneuse, vers mon
hostie vivace,
se cabrent des centaures.
Je pars. Le vent d'un museau dur fouine dans ma
patience
O terre de cimaise dénuée
terre grasse gorgée d'eau lourde
votre jour est un chien qui jappe après une ombre.

Adieu!

Quand la terre acagnardée scalpera le soleil
dans la mer violette vous trouverez mon œil fumant
comme un tison.

Fournaise, rude tendresse
salut!

Les étoiles pourrissent dans les marais du ciel
mais j'avance plus sûr et plus secret et plus terrible que
l'étoile pourrissante.

O vol courbe de mes pas!
posez-vous dans la forêt ardente.

Et déjà les bossettes de mon front et la rose de mon pouls
catapultent le Grand Midi.

Batouque

Les rizières de mégots de crachat sur l'étrange
    sommation
de ma simplicité se tatouent de pitons..
Les mots perforés dans ma salive ressurgissent en villes
d'écluse ouverte, plus pâle sur les faubourgs
O les villes transparentes montées sur yaks
sang lent pissant aux feuilles de filigrane le dernier sou-
    venir
le boulevard comète meurtrie brusque oiseau traversé
se frappe en plein ciel
noyé de flèches
C'est la nuit comme je l'aime très creuse et très nulle
éventail de doigts de boussole effondrés au rire blanc des
    sommeils.

batouque
quand le monde sera nu et roux
comme une matrice calcinée par les grands soleils de
    l'amour
batouque
quand le monde sera sans enquête
un cœur merveilleux où s'imprime le décor
des regards brisés en éclats
pour la première fois

quand les attirances prendront au piège les étoiles
quand l'amour et la mort seront
un même serpent corail ressoudé autour d'un bras sans
    joyau
sans suie
sans défense
batouque du fleuve grossi de larmes de crocodiles et de
    fouets à la dérive
batouque de l'arbre aux serpents des danseurs de la
    prairie
des roses de Pennsylvanie regardent aux yeux au nez
    aux oreilles
aux fenêtres de la tête sciée
du supplicié
batouque de la femme aux bras de mer aux cheveux de
    source sous-marine
la rigidité cadavérique transforme les corps
en larmes d'acier,
tous les phasmes feuillus font une mer de youcas bleus
    et de radeaux
tous les fantasmes névrotiques ont pris le mors aux
    dents
batouque
quand le monde sera, d'abstraction séduite,
de pousses de sel gemme
les jardins de la mer
pour la première et la dernière fois
un mât de caravelle oubliée flambe amandier du naufrage
un cocotier un baobab une feuille de papier
un rejet de pourvoi
batouque
quand le monde sera une mine à ciel découvert
quand le monde sera du haut de la passerelle

mon désir
ton désir
conjugués en un saut dans le vide respiré
à l'auvent de nos yeux déferlent
toutes les poussières de soleils peuplées de parachutes
d'incendies volontaires d'oriflammes de blé rouge
batouque des yeux pourris
batouque des yeux de mélasse
batouque de mer dolente encroûtée d'îles
le Congo est un saut de soleil levant au bout d'un fil
un seau de villes saignantes
une touffe de citronnelle dans la nuit forcée
batouque
quand le monde sera une tour de silence
où nous serons la proie et le vautour
toutes les pluies de perroquets
toutes les démissions de chinchillas
batouque de trompes cassées de paupière d'huile de plu-
    viers virulents
batouque de la pluie tuée fendue finement d'oreilles
    rougies
purulence et vigilance

ayant violé jusqu'à la transparence le sexe étroit du cré-
    puscule
le grand nègre du matin
jusqu'au fond de la mer de pierre éclatée
attente les fruits de faim des villes nouées
batouque
Oh! sur l'intime vide
— giclant giclé —
jusqu'à la rage du site
les injonctions d'un sang sévère!

Et le navire survola le cratère aux portes mêmes de l'heure
    labourée d'aigles
le navire marcha à bottes calmes d'étoiles filantes
à bottes fauves de wharfs coupés et de panoplies
et le navire lâcha une bordée de souris
de télégrammes de cauris de houris
un danseur wolof faisait des pointes et des signaux
à la pointe du mât le plus élevé
toute la nuit on le vit danser chargé d'amulettes et d'alcool
bondissant à la hauteur des étoiles grasses
une armée de corbeaux
une armée de couteaux
une armée de paraboles
et le navire cambré lâcha une armée de chevaux
A minuit la terre s'engagea dans le chenal du cratère
et le vent de diamants tendu de soutanes rouges
hors l'oubli
souffla des sabots de cheval chantant l'aventure de la
    mort à voix de lait
sur les jardins de l'arc-en-ciel planté de caroubiers

batouque
quand le monde sera un vivier où je pêcherai mes yeux à
    la ligne de tes yeux
batouque
quand le monde sera le latex au long cours des chairs de
    sommeil bu
batouque
batouque de houles et de hoquets
batouque de sanglots ricanés
batouque de buffles effarouchés
batouque de défis de guêpiers carminés

dans la maraude du feu et du ciel en fumée
batouque des mains
batouque des seins
batouque des sept péchés décapités
batouque du sexe au baiser d'oiseau à la fuite de poisson
batouque de princesse noire en diadème de soleil fondant
batouque de la princesse tisonnant mille gardiens
    inconnus
mille jardins oubliés sous le sable et l'arc-en-ciel
batouque de la princesse aux cuisses de Congo
de Bornéo
de Casamance

batouque de nuit sans noyau
de nuit sans lèvres
cravatée du jet de ma galère sans nom
de mon oiseau de boomerang
j'ai lancé mon œil dans le roulis dans la guinée du déses-
    poir et de la mort
tout l'étrange se fige île de Pâques, île de Pâques
tout l'étrange coupé des cavaleries de l'ombre
un ruisseau d'eau fraîche coule dans ma main sargasse
    de cris fondus

Et le navire dévêtu creusa dans la cervelle des nuits têtues
mon exil-minaret-soif-des-branches
batouque
Les courants roulèrent des touffes de sabres d'argent
et de cuillers à nausée
et le vent troué des doigts du SOLEIL
tondit de feu l'aisselle des îles à cheveux d'écumes
batouque de terres enceintes

batouque de mer murée

batouque de bourgs bossus de pieds pourris de morts
    épelées dans le désespoir sans prix du souvenir

Basse-Pointe, Diamant, Tartane, et Caravelle

sekels d'or, rabots de flottaisons assaillis de gerbes et
    de nielles

cervelles tristes rampées d'orgasmes

tatous fumeux

O les kroumens amuseurs de ma barre!

le soleil a sauté des grandes poches marsupiales de la
    mer sans lucarne

en pleine algèbre de faux cheveux et de rails sans tram-
    way;

batouque, les rivières lézardent dans le heaume délacé
    des ravins

les cannes chavirent aux roulis de la terre en crue de
    bosses de chamelle

les anses défoncent de lumières irresponsables les vessies
    sans reflux de la pierre

soleil, aux gorges!

noir hurleur, noir boucher, noir corsaire batouque
    déployé d'épices et de mouches

Endormi troupeau de cavales sous la touffe de bambous

saigne, saigne troupeau de carambas.

Assassin je t'acquitte au nom du viol.

Je t'acquitte au nom du Saint-Esprit

Je t'acquitte de mes mains de salamandre.

Le jour passera comme une vague avec les villes en ban-
    doulière

dans sa besace de coquillages gonflés de poudre

Soleil, soleil, roux serpentaire accoudé à mes transes

de marais en travail
le fleuve de couleuvres que j'appelle mes veines
Le fleuve de créneaux que j'appelle mon sang
le fleuve de sagaies que les hommes appellent mon visage
le fleuve à pied autour du monde
frappera le roc artésien d'un cent d'étoiles à mousson.

Liberté mon seul pirate, eau de l'an neuf ma seule soif
amour mon seul sampang
nous coulerons nos doigts de rire et de gourde
entre les dents glacées de la Belle-au-bois-dormant.

Les oubliettes
de la mer
et du déluge

Jour ô jour de New-York et de la Soukala
je me recommande à vous
à vous qui ne serez plus l'absurde jeu du sphinx à tête
   de mort et de l'eczéma rebelle
et le jour très simplement le jour
enlève ses gants
ses gants de vent bleu de lait cru de sel fort
ses gants de repos d'œuf de squale et d'incendie de paille
   noire
sécheresse
sécheresse
vous ne pourrez rien contre mes glandes aquifères
le ballet chimique des terres rares
la poudre des yeux finement pilés sous le bâton
les mouettes immobilement têtues des fuseaux et de
   l'eau
font l'inaltérable alliage de mon sommeil sans heure
sans heure autre que l'inapaisement de geyser de l'arbre
   du silence
sans heure autre que la catastrophe fraternelle aux che-
   veux d'hippocampe et de campêche
sans heure autre que mes yeux de sisal et de toile d'arai-
   gnée
mes yeux de clef de monde et de bris de journée
où prendre la fièvre montée sur 300 000 lucioles

69

sans heure autre que les couteaux de jet du soleil lancés
à toute volée
autour de l'encolure des climats
sans heure autre que les oiseaux qui picorent les biefs
du ciel pour apaiser leur soif-de-dormir-dans-le-déluge
sans heure autre que l'inconsolable oiseau sang qui
d'attendre s'allume dans l'agriculture de tes yeux à
défaire le beau temps
sans heure autre que la voix fabuleuse des forêts qui
gonflent subitement leur voilure dans les radoubs
du marais et du coke
sans heure autre que l'étiage des lunaisons dans la cer-
velle comptable des peuples nourris d'insultes et de
millénaires
sans heure autre oh! sans heure autre que ton flegme
taureau
incorruptible
qui jamais ne neige d'appel plus salubre et mortel
que quand s'éveille des ruisseaux de mon écorce
épi et neuvaine du désastre (le vrai)
la femme
qui sur ses lèvres à boire berce le palanquin des oubliettes
de la mer

La femme et le couteau

chair riche aux dents copeaux de chair sûre
volez en éclats de jour en éclats de nuit en baisers de
    vent
en étraves de lumière en poupes de silence
volez emmêlements traqués enclumes de la chair sombre
    volez
volez en souliers d'enfant en jets d'argent
volez et défiez les cataphractaires de la nuit montés sur
    leurs onagres
vous oiseaux
vous sang
qui a dit que je ne serai pas là ?
pas là mon cœur sans-en-marge
mon cœur-au-sans-regrets mon cœur à fonds perdus
et des hautes futaies de la pluie souveraine ?

tournois
il y aura des pollens des lunes des saisons au cœur de
    pain et de clarine
les hauts fourneaux de la grève et de l'impossible émet-
    tront de la salive des balles des orphéons des mitres
    des candélabres
ô pandanus muet peuplé de migrations
ô nils bleus ô prières naines ô ma mère ô piste

et le cœur éclaboussé sauvage
le plus grand des frissons est encore à fleurir
futile

Et les chiens se taisaient

(Tragédie)

Pendant que lentement se lève le rideau on entend l'écho.

L'ÉCHO

Bien sûr qu'il va mourir le Rebelle. Oh, il n'y aura pas de drapeau même noir pas de coup de canon pas de cérémonial. Ça sera très simple quelque chose qui de l'ordre évident ne déplacera rien mais qui fait que les coraux au fond de la mer les oiseaux au fond du ciel les étoiles au fond des yeux des femmes tressailliront le temps d'une larme ou d'un battement de paupière.

Bien sûr qu'il va mourir le Rebelle, la meilleure raison étant qu'il n'y a plus rien à faire dans cet univers invalide : confirmé et prisonnier de lui-même... Qu'il va mourir comme cela est écrit en filigrane dans le vent et dans le sable par le sabot des chevaux sauvages et les boucles des rivières...

Gibier de morgue ce ne sont pas des larmes qui te conviennent ce sont les faucons de mes poings et mes pensées de silex c'est ma muette invocation vers les dieux du désastre

73

Architecte aux yeux bleus
je te défie

prends garde à toi architecte car si meurt le Rebelle ce
   ne sera pas sans avoir fait clair pour tous que tu es le
   bâtisseur d'un monde de pestilence

architecte prends garde à toi

qui t'a sacré? En quelle nuit as-tu troqué le compas
   contre le poignard?
architecte sourd aux choses clair comme l'arbre mais
   fermé comme une cuirasse chacun de tes pas est une
   conquête et une spoliation et un contresens et un
   attentat

Bien sûr qu'il va quitter le monde le Rebelle ton monde
   de viol où la victime est par ta grâce une brute et un
   impie

architecte Orcus sans porte et sans étoile sans source
   et sans orient
architecte à la queue de paon au pas de cancer à la parole
   bleue de champignon et d'acier prends garde à toi
        Le rideau est levé.
        Dans le barathre des épouvantements, vaste prison
           collective, peuplée de nègres candidats à la folie
           et à la mort; jour trentième de la famine, de la
           torture et du délire.
        Un silence.

LA RÉCITANTE

Rentrez chez vous jeunes filles; il n'est plus temps de
jouer; les orbites de la mort poussent des yeux fulgu-
rants à travers le mica blême.

PREMIÈRE FOLLE, *sérieuse :*

c'est une devinette?

LE RÉCITANT

c'est la saison des étoiles brûlantes qui commence.

DEUXIÈME FOLLE, *riant :*

Ah, c'est un conte.

LE CHŒUR, *menaçant :*

L'île raidit ses pattes d'araignée venimeuse sur la gadoue
des barracoons.

PREMIÈRE FOLLE

hou, hou.

DEUXIÈME FOLLE

hou, hou.

L'AMANTE

Embrasse-moi, l'heure est belle; qu'est-ce que la beauté
sinon ce poids complet de menaces que fascine et séduit
à l'impuissance le battement désarmé d'une pau-
pière?...

LE REBELLE

qu'est-ce la beauté sinon l'affiche lacérée d'un sourire
sur la porte foudroyée d'un visage? Qu'est-ce mourir

sinon la face pierreuse de la découverte, le voyage
hors de la semaine et de la couleur à l'envers du soleil?

L'AMANTE

Ne calomnie pas le soleil. Est-ce que je maudis l'ombre,
moi?
je te chéris ombre, pêcheur des beaux cris chevelus du
soleil, dans tes ruisseaux incertains ô le vent et ses
doigts d'orpailleur attardé.

LE REBELLE

Beau doux ami, le ciel ingrat sans nous se peuplera-t-il
de faucons dessillés,
les huîtres perlières sans nous sous le couvercle du temps
apaiseront-elles de longs gestes dormants le serpen-
tement de la blessure obscure?
beau doux ami, sans nous le vent s'en ira-t-il déflorant,
gémissant vers l'attente cambrée?

LE RÉCITANT

Le parfum de la mandragore s'est séché; la colline chasse
sur ses aussières; les grands remous des vallées font
des vagues; les forêts démâtent, les oiseaux font des
signaux de détresse où nos corps perdus bercent leurs
épaves blanchies.

LE CHŒUR

Quel est celui qui tarde, quel est celui qui se fane?

LE DEMI-CHŒUR

pierre de soufre tombé des nues

LE DEMI-CHŒUR

bel arc

beau sang

belle pluie

Susciteuse oh,

Susciteuse oh, je ne puis chasser de mes yeux cette image :
des mangeuses de terre dans un champ d'argile.

toutes les mordorures et tout l'espoir au dos des mains,
au creux des mains des feuilles de caïmitier ne me
consoleront pas.

J'ai capté dans l'espace d'extraordinaires messages...
pleins de poignards de nuit, de gémissements ; j'entends
plus haut que les louanges une vaste improvisation
de tornades, de coups de soleil, de maléfices
de pierres qui cuisent de petits jours étranges, l'engour-
dissement bu à petites gorgées.

un oiseau sans peur jette son cri de flamme jeune dans
le ventre chaud de la nuit.

...un grand brasier de prunelles rouges et de crabes...
un ensemencement pour voir de mouches, de palabres

de mauvais souvenirs, de piste de termites, de fièvres à guérir, de torts à redresser, un bâillement d'alligator, une immense injustice.

L'AMANTE

Embrasse-moi : le monde est jeune

LE REBELLE

O comme le monde est fragile

L'AMANTE

Embrasse-moi : l'air comme un pain se dore et lève

LE REBELLE

Comme le monde est solennel

L'AMANTE

Embrasse-moi : le monde flue d'aigrettes de palmes de spicenards, de désirs de canéfices

LE REBELLE

O le monde est mat de chevaux cabrés

L'AMANTE

Embrasse-moi; embrasse-moi : dans mes yeux les mondes se font et se défont; j'entends des musiques de mondes... les chevaux approchent... un paquet de frisson gave le vent charnel de venaisons...

Un silence prodigieux.

PREMIÈRE FOLLE

Les morts saluent les croque-morts

DEUXIÈME FOLLE

J'ai entendu dans le tonnerre le chien maigre de la mort...
Salut compagnon maigre.

Musiques funèbres.

LE REBELLE

Oh, mes amis, il suffit : je ne suis plus que pâture; des
squales jouent dans mon sillage

LE CHŒUR

Les blancs débarquent, les blancs débarquent

LE REBELLE

Les Blancs débarquent. Ils nous tuent nos filles cama-
rades.

LE CHŒUR, *terrifié :*

Les Blancs débarquent. Les Blancs débarquent.

LE DEMI-CHŒUR

Jaillissez larmes

LE DEMI-CHŒUR

Coulez rosée.

LE REBELLE

Qu'est-ce que tu vois?

L'AMANTE

La vie poto-poto beaucoup de boue

LE REBELLE

Tu te souviens?

79

L'AMANTE

les fougères arborescentes... torrentielle le bruit de l'eau.

LE REBELLE

les pitons, les anses... la pluie... ses arilles de clusia rosea...

L'AMANTE

Oh! un paysage de faux ébéniers, lacs et scirpes et la pluie d'or sur le toit de tôle rouillée.

LE REBELLE

laisses de basse-mer soyez-moi sœur.
> *Entrent les évêques paissant sous la houlette de l'arche-vêque.*

PREMIER ÉVÊQUE

quelle époque : mes enfants vous avez fait là une belle boucherie

> *Il s'assied sur son trône.*

DEUXIÈME ÉVÊQUE

Une époque étonnante mes frères : la morue terre-neu-vienne se jette d'elle-même sur les lignes

> *Il s'assied sur son trône.*

TROISIÈME ÉVÊQUE

je dis que c'est une époque étourdissante ou stupéfiante à votre gré

> *Il s'assied sur son trône.*

QUATRIÈME ÉVÊQUE

une époque phallique et fertile en miracles

L'ARCHEVÊQUE

allons, j'entends la flûte perlée des crapauds et le crécel-
lement rugueux des grillons de la nuit. Ouha bruhah
Les évêques se lèvent, le groupe sort lentement.
Vision de forêt et de broussailles. Des cavaliers noirs.

PREMIER CAVALIER

Fougères bègues, guidez-nous.

DEUXIÈME CAVALIER

Paroles séchées des herbes, guidez-nous.

TROISIÈME CAVALIER

Couleuvres endolories, guidez-nous.

QUATRIÈME CAVALIER

Lucioles cris du silex, guidez-nous.

CINQUIÈME CAVALIER

Guidez-nous, ô guidez-nous, aloès aveugle vengeance
tonnante armée pour un siècle.
La troupe s'ébranle, les cavaliers disparaissent dans
la forêt.

PREMIÈRE FOLLE

C'est étrange, le soir promène des sorcières...

DEUXIÈME FOLLE

Les araignées au ventre d'œuf entrent avec des mines
de pape dans leur palais de fil salué de termites; dans
les cavernes désireuses du sommeil des babines de
requins s'agitent en rêvant de chasse et de carcasse.
Bien sûr les filets protecteurs ne jouent plus : à contre-

flot sur les murs de la mer dans le paroxysme du remugle les céphalopodes tricotent leurs pattes attendent et crient; marais marais vomissez vos couleuvres.

LA RÉCITANTE

La mort pleure tout doucement dans le cou du vent doux

LE RÉCITANT

Le feu accroche ses fanes rapaces aux toits fascinés des maisons

LA RÉCITANTE

...la ville s'effondre sur ses jarrets ...dans le vertige lent du viol ...parmi les chatouilles d'un lit de fumée et de cris

PREMIÈRE FOLLE

...Oh, j'entends croître l'épeautre des nuits ...des femmes ...la fosse est pleine de sang ...des flocons de feu tombent ...je vois des lézards de feu, des sauterelles de feu, des colocases de feu.

LE REBELLE

Ne parlez pas ainsi. Ne parlez pas ainsi... je suis assis dans la désolation. Ma cour, un tas d'ossements, mon trône, des chairs pourries, ma couronne un cercle d'excréments. Et voyez : d'étranges noces ont commencé : les corbeaux sont les joueurs de rebec, les os, des osselets; des flaques de vin sur le sol font des caillots fraternels où les ivrognes couchés sont couchés pour longtemps... longtemps.

Cependant que trois dieux à tête de chien emportent l'âme de l'amante.

LA RÉCITANTE, *dolente :*

Nous sommes au moment où la princesse lassée essuie
sur ses lèvres une absence de baisers comme une pen-
sée de fruit âcre.

Elle avance l'aiguille d'un demi-cadran.

Nous sommes au moment où la princesse a cessé de
croire au faiseur de pluie hirsute.

Elle avance l'aiguille d'un demi-cadran.

Nous sommes au moment où brin de sourire par brin
de sourire la princesse se tisse une robe de nid de
pluie inédite.

Elle avance l'aiguille d'un cadran.

Nous sommes au moment où le prince a inventé l'ophrys-
femme, la plus belle des fleurs du cerveau.

Elle avance l'aiguille d'un demi-cadran.

Nous sommes au moment où la princesse proclame
irrédentes toutes les terres circonvoisines des mousses
de la mer

Elle avance l'aiguille d'un quart de cadran.

LE RÉCITANT

Nous sommes au moment où sur le seuil des flammes
la princesse fait signe à son cacatoès préféré
cacatou
cacatou
parmi le livre vide de fins labours défunts.

Nous sommes au moment où neuf scorpions se frappent,
formés par la malédiction des âmes.

Pause. Le cortège funèbre a disparu.

LE RÉCITANT

Nous sommes au moment où un volcan se saborde dans
la soute à corail

83

Nous sommes au moment où l'impératrice décrète dans les grottes de l'Empire l'inutilité des caisses de compensation et se tatoue les cuisses d'une pluie de daturas où râle une lance flammée.

LA RÉCITANTE, *solennelle :*

Arpège de guitares sinistres, il se lève sous mes paupières une aube saignée à blanc
je suis attente toute attente.
je marche sur les œufs des instants précieux
O les chemins fragiles têtus et certains
de mon royaume qui est et qui n'est pas encore
Il fait beau monstrueusement beau.
Déferlez semaines, scrupules des mondes mourants;
déferlez filles grosses;
écumez contre mon attente scabreuse.

LE RÉCITANT, *humble :*

Me voici l'homme marchand aux mains vides, œil nu suscitant le spectacle, gorge brassant vivants les mots éclos contre mes dents.

LA RÉCITANTE

Me voici moi moi : la femme obsédée de grandes paroles et je nage parmi les glaïeuls et les roses de Jéricho vers l'odeur simple des cadavres.

LE REBELLE

Ce n'est pas vrai ...il n'y a plus de combats. Il n'y a plus de meurtres n'est-ce pas? Plus de crimes flamboyants? L'orgue de barbarie ronronne aveugle des minutes de silence, sciure du temps sans poussière.

Ho, Ho, une odeur de cadavre ...du sang pétillant comme une grande cuve de vin.

LA RÉCITANTE

Il n'est que de cogner à la vitre du soleil. Il n'y a qu'à casser la glace du soleil. Il n'y a qu'à découvrir dans la boîte du soleil la houppe rouge des fourmis venimeuses éclatées à tous vents. Ha, Ha.

LE RÉCITANT

Il fait beau. Une fleur plus nue qu'une femme dans le soleil joue vers le soleil et le soleil crépite dans les cerveaux fermés diadème miné arbre du voyageur cœur tressé belles eaux-soufflées-haut-gelées.

PREMIÈRE FOLLE

L'odeur de la terre défoncée des machettes de la pluie fume. Le jour simple est un mouroir... Oh, j'écarte les feuilles de bruit. Oh, j'écoute à travers les fissures de ma cervelle. Il monte. Il monte.

DEUXIÈME FOLLE

Il monte. Il monte. Le soleil est un lion qui se traîne fou brisé de pattes dans la cage qui tremble.

LE REBELLE, *fébrile :*

Il monte... il monte des profondeurs de la terre... le flot noir monte... des vagues de hurlements... des marais de senteurs animales... l'orage écumant de pieds nus... et il en grouille toujours d'autres dévalant les sentiers des mornes, gravissant l'escarpement des ravins torrents obscènes et sauvages grossisseurs de fleuves chaotiques, de mers pourries, d'océans convulsifs

dans le rire charbonneux du coutelas et de l'alcool
mauvais...

PREMIÈRE FOLLE

En ma main noire et rouge s'époumonne une aurore
de sureau blanc.

DEUXIÈME FOLLE

Au commencement il n'y avait rien.

PREMIÈRE FOLLE

Au commencement il y avait la nuit.

LE REBELLE, *bas :*

La nuit et la misère camarades, la misère et l'acceptation
animale, la nuit bruissante de souffles d'esclaves dila-
tant sous les pas christophores la grande mer de
misère, la grande mer de sang noir, la grande houle
de cannes à sucre et de dividendes, le grand océan
d'horreur et de désolation. A la fin, il y a à la fin...
Il se bouche les yeux.
*Loin, très loin, dans un lointain historique le chœur
mimant une scène de révolution nègre, chants
monotones et sauvages, piétinement confus, coutelas
et piques, un nègre grotesque, le speaker gesticule.
Le tout sinistre et bouffon, plein d'emphase et de
cruauté.*

LE SPEAKER

Silence, messieurs, silence.

PREMIER ÉNERGUMÈNE

pas de silence qui tienne : nous sommes libres et égaux
en droit. N'oubliez pas cela.

DEUXIÈME ÉNERGUMÈNE

Et moi je dis : malheur à ceux qui n'ont pas lu inscrit
sur le mur de nos honorables faces délicotées le Mane
Thecel Phares de la tyrannie.
et voici, je sais des têtes qui rouleront comme des cabosses
de cacao : mort aux blancs.

LE CHŒUR D'ÉNERGUMÈNES

mort aux blancs, mort aux blancs.
*Échos répercutants, vociférations et chants. Le vide
et le silence retombent, lourds.*

LA RÉCITANTE, *d'une voix cinglante :*

A la fin... ce que je vois à la fin... Ah, oui... à l'extrême
fin... la culbute de la bête, la posée sur cette merde
hystérique des goules masticatrices, son avachissement
visité d'épouvante, son insolence triturée de prières,
et sur ses blessures, la pimentade de mon rire et le sel
de mes pleurs.

LE RÉCITANT

Iles, j'aime ce mot frais guetté de karibs et de requins.

LA RÉCITANTE

O j'attends passionnément : je suis cernée

LE RÉCITANT

...cerné d'yeux de cauchemars...

LA RÉCITANTE

cernée d'enfants et d'yeux et de ruées de rire

LE RÉCITANT

Cataractes; voici les cataractes, et le chant meurtrier clair des oiseaux.

LA RÉCITANTE, *jetant bas son masque :*

Attention, je crie attention du haut de ma guette
plus près
par ici
d'une voix douce et lente de mauvaise récolte et de pluie
    inattendue
la nue noire dessine un nœud coulant

LE RÉCITANT, *jetant bas son masque :*

Attention, je crie attention du haut de ma guette
plus près
par ici
le canot des flibustiers pille sur champ d'azur : pour se
    distraire.
Ivresse et débauche. Une immense étendue se dore;
dans les profondeurs du lac lessive un aigle de vermeil;
des champs de maïs, d'indigo de cannes à sucre, à quel-
    ques brasses de profondeur;
des clameurs au creux se ruent au creux et bouchent
    le ciel...

LE CHŒUR, *chantant :*

Hé, mes amis Ho.

DEUXIÈME CHORISTE, *chantant :*

Hé, mes amis, Ho

PREMIER CHORISTE

La terre est une fatigue, ma fatigue va la fatiguer

Le soleil est une fatigue, ma fatigue va la fatiguer

TROISIÈME CHORISTE

La pluie est une fatigue; ma fatigue va la fatiguer

PREMIER CHORISTE

Hé, mes amis, Ho

DEUXIÈME CHORISTE

Ma fatigue est un gouffre; aucun sommeil ne saurait le combler.

TROISIÈME PAYSAN

Ma fatigue est une soif Ho aucune boisson ne saurait l'apaiser.

LE CHŒUR

Hé, Ho mes amis, Ho. Ma fatigue est un tombereau de sable insonore aux quatre coins de moissons pétrifiées.

PREMIÈRE FOLLE, *chantant :*

Où est celui qui chantera pour nous?

LE CHŒUR

Il tient un serpent dans sa main droite
dans sa main gauche une feuille de menthe
ses yeux sont des éperviers sa tête une tête de chien

DEUXIÈME FOLLE, *chantant :*

Où est celui qui nous montrera le chemin?

ses sandales sont de soleil pâle
ses courroies sont de sang frais

PREMIÈRE FOLLE, *chantant :*

Préparons la maison pour le bel hôte triomphant.

DEUXIÈME FOLLE, *chantant :*

O chiens, ô scorpions, ô serpents, seuls pas, vrais pas
qui montez des ténèbres

DEUXIÈME FOLLE, *chantant :*

Préparons le sentier pour le bel homme plein de force

LE CHŒUR, *frappant dans ses mains :*

c'est en vain qu'il se cache le dernier des vivants
pour le louer nous n'avons pas besoin de tambourins,
manioc des brûlis, feu des campements, holà écoutez-
   moi, j'ai soif de vos flèches incendiaires, de vos fumées
   rouges de piment, de votre curare, de votre génipa.
pour le louer et l'encourager nous n'avons pas besoin de
   tambourins
holà dans le sang feu continu commencez le feu dans
   l'ombre et le fossé
mille excuses c'est ce que nous avons de mieux à vous
   offrir : un incendie clignoté saluant de souffles l'obscu-
   rité armée d'ombres bleues.

PREMIÈRE FOLLE

je le coucherai entre mes seins comme une feuille de
   menthe
je le coucherai entre mes seins comme un pain d'encens
je le coucherai entre mes seins comme un poignard rouge

LE CHŒUR, *psalmodiant :*

Avec tes sandales de pluie et de courage, monte surgir
   imminent
seigneur tout près des larmes monte dans le désert
   comme l'eau et la montée des eaux houleuses de cada-
   vres et de moissons;
monte très imminent seigneur, la chair vole en copeaux
   d'Afrique sombre, monte très imminent seigneur, il
   y aura encore des yeux comme des tournesols ou de
   grands sojas amoureux bandés d'oiseaux aussi beaux
   qu'une sonnerie de pomme d'adam dans l'éclair des
   colères brèves

LA RÉCITANTE

Vous avez entendu, vous avez entendu, le roi arrive,
   le roi met pied à terre; le roi monte l'escalier; le roi
   franchit la première marche; il en est à la deuxième;
   le roi est sur le perron.

LE RÉCITANT, *très calme :*

pas après pas le roi a mis le pied dans la fosse camouflée
   de sourires glissants

LE REBELLE

Vous ne m'empêcherez pas de parler à mes amis sans
   éclipse
lune grasse mauvaise herbe, sycomore sycomore...
voici mes amours, voici mes haines
et ma voix très sage enfant au bord de votre alcôve.

LE CHŒUR, *lointain :*

O roi debout

LE REBELLE

le fleuve sans idiome s'exaspère des manœuvres de la
  cendre
le cap et la limaille
les oiseaux et les jours
tournent avec leur bruit de serrures;
à l'horizon enfantin les animaux fantastiques
brouteurs de cervelles
ont remisé leurs yeux
enjoués de toute la nuit bue.

LE CHŒUR, *lointain :*

O roi debout

LE REBELLE

je veux peupler la nuit d'adieux méticuleux

LE CHŒUR, *au loin :*

O roi debout

LE REBELLE

des violettes des anémones se lèvent à chaque pas de
  mon sang

LE CHŒUR, *plus lointain :*

O roi debout

LE REBELLE

...à chaque pas de ma voix, à chaque goutte de mon nom

LE CHŒUR, *plus lointain encore :*

O roi debout

...des pommes d'araucaria, des bouquets de cerises

LE CHŒUR, *presque perdu dans la distance :*

O roi debout

LE REBELLE, *d'une voix tonnante :*

...des arcs, des signes des empreintes des feux

LE CHŒUR, *gémissant :*

O roi debout

LE REBELLE

j'avais amené ce pays à la connaissance de lui-même,
familiarisé cette terre avec ses démons secrets
allumé aux cratères d'hélodermes et de cymbales
les symphonies d'un enfer inconnu, splendide parasité
   de nostalgies hautaines

LE CHŒUR

O roi debout

LE REBELLE

Et maintenant
seul
tout est seul
j'ai beau aiguiser ma voix
tout déserte tout
ma voix peine
ma voix tangue dans le cornet des brumes sans carrefour
et je n'ai pas de mère
et je n'ai pas de fils.

O roi debout

LE REBELLE

Holà chiourme retirez-vous, votre office est fini.

Belle comme la mémoire dessaisie d'oubli frais, la ven-
geance s'est dressée avec l'oreille du jour et toutes les
poussières qui tissent la chair des nuits, toutes les
guêpes qui salivent la cassave des nuits toutes les
sphyrènes qui signent le dos des nuits ont forcé jus-
qu'à voir leur œil de jouvence.

Et voici je salue maintenant la dernière nuit de mon
sexe

foyer

charbon

soleil enraciné dans les mines de ma force

Vous ne m'effraierez pas fantômes je suis fort.

j'ai muselé la mer en écoutant peiner les maraîchers vers
la croupe fabuleuse des matins dans une douceur de
scandale et d'écume.

La lumière s'éteint.

LE REBELLE

j'ai pacte avec cette nuit, depuis vingt ans je la sens qui
vers moi doucement hèle...

Des lumignons s'allument.

LE REBELLE

j'ai hélé mes dieux à force de reniements

Ricanements.

mais ils me regardent ils m'épient, et j'ai peur
des dieux méchants et jaloux.

94

et leur bras est long immense, et leur main est pal-
mée.
pas moyen d'échapper
je dis que je suis fichu
je dis que je ne peux pas
comment leur faire comprendre que je ne veux pas.
Que je ne peux pas
pas une touffe de sommeil, pas une touffe de silence qui
ne cache un dieu
et les voix disent que je suis un traître, je ne suis pas
un ingrat
je me prosterne je baisse la tête
et le chevreau bêle en mon cœur

     *Il s'arrête. Apparaissent des figures grimaçantes
     immobiles : ce sont les fétiches : animaux fantas-
     tiques faces difformes énormes prunelles blanches.*

LE REBELLE, *à plat ventre :*

Me voici...

                          Pause.
on a beau peindre blanc le pied de l'arbre la force de
l'écorce en dessous crie...

                          Pause.
pourquoi aurais-je peur du jugement de mes dieux ?
qui a dit que j'ai trahi ?

                          Pause.
les étranges mendiants aux faces de millésime qui tan-
tôt menacent
tantôt saluent les aubes
c'est moi
une faim chaque nuit les réveille parmi le madrépore
une faim de soleil plus large et de pièces de monnaies
très anciennes.

95

je me tourne à nouveau vers le vent inconnu sailli de
poursuites.
je m'en vais
ne parlez pas, ne riez pas
L'Afrique dort, ne parlez pas, ne riez pas. L'Afrique
saigne, ma mère
L'Afrique s'ouvre fracassée à une rigole de ver-
mines,
à l'envahissement stérile des spermatozoïdes du viol.

PREMIÈRE VOIX TENTATRICE

quel fil tendu par-dessus les forêts les fleuves les marais
les langues et les fauves?
je n'ai pas de mère je n'ai pas de passé
j'ai comblé jusqu'à l'oubli de poussières et d'insulte le
puits marâtre de mon nombril.

LE REBELLE

arrière bourreaux
ah vous me clignez de l'œil
vous me demandez ma complicité?
au secours au secours au meurtre
ils ont tué le soleil il n'y a plus de soleil il ne reste plus
que les taureaux de Basan
une torche est attachée à leur queue furibonde
assassins assassins
ça y est... ils ont reniflé la viande du nègre
ils s'arrêtent
ils rient.

DEUXIÈME VOIX TENTATRICE

C'est fini, tout est fini, inutile de réclamer, l'action de
la justice est éteinte.

Voyez, ils l'ont déchiré en lambeaux, en lambeaux comme
　　un cochon sauvage

LE REBELLE

Comme un agouti! comme une mangouste!
qui a fait cela? vous me demandez qui a fait cela?
non ce n'est pas moi
je suis innocent
Qui?
Eux
eux les chiens
eux les hommes aux babines saignantes, aux yeux
　　d'acier
mais vous savez je vous dis que l'action de la justice est
　　éteinte.
éteinte, mais la lueur de leurs yeux ne s'éteint jamais.
Assassins, Assassins, Assassins.
　　　　Circulant de cadavre en cadavre.
La cendre, le songe... affamé, affamé... deux mains brû-
　　lantes dans l'assiette du soleil... ô morts... et le sadisme
　　du maître et le râlement de l'esclave par force copro-
　　phage parachèvent en traits de vomi le happement
　　du squale et le rampement du scolopendre.
O morts en terre franche
les beaux yeux aveugles de la terre chantent d'eux-mêmes
l'école buissonnière, les sourcils joints des hauts labours
les ruses savantes des colloques sans rime ni raison aux
　　sables mouvants
la vache des naufrageurs, la pluie des calvaires et des
　　vagues ensorcellent de serpents de palabres de varechs
　　le phare disjoint de sang et d'ombre

ô morts sans caveçon
je bâtirai de ciel, d'oiseaux de perroquets, de cloches,
de foulards, de tambours, de fumées légères, de ten-
dresses furieuses, de tons de cuivre, de nacre, de
dimanches, de bastringues, de mots d'enfants, de
mots d'amour
d'amour de mitaines d'enfants
un monde notre monde
mon monde aux épaules rondes
de vent de soleil de lune de pluie de pleine lune
un monde de petites cuillers
de velours
d'étoffes d'or
de pitons de vallées de pétales de cris de faon effarouché
un jour
autrefois
les sœurs égales se donneront la main dans les chambres
de tortures
le monde penchera tout doucement pour mourir sa tête
biscornue
les jours bien rangés comme un orphelinat allant à la
messe
les jours avec leurs mines d'assassins polis
se détrousseront de lait d'herbe d'heures
avec leurs mines de cerisiers sauvages
avec leurs politesses de galères sur la route des cygnes
avec leurs airs de château connu
mais aux salles inconnues aussi belles que le mensonge
qui n'est pas autre chose que l'amour du voyage un jour
autrefois trêve de dieu sans dieu des ports inconnus
toujours des soleils inconnus toujours

Homme, prends garde, le feu est un langage qui demande
à courir.

S'avance la mère.

LE REBELLE

Femme prends garde, il y a un beau pays qu'ils ont gâté
de larves dévergondé hors saison
un monde d'éclats de fleurs salis de vieilles affiches
une maison de tuiles cassées de feuilles arrachées sans
tempête
pas encore
pas encore
je ne reviendrai que grave
l'amour luira dans nos yeux de grange incendiée
comme un oiseau ivre
un peloton d'exécution
pas encore
pas encore
je ne reviendrai qu'avec ma bonne prise de contrebande
l'amour vivant herbeux de blé de sauterelles de vague de
déluge de sifflements de brasiers de signes de forêt
d'eau de gazon d'eau de troupeaux d'eau
l'amour spacieux de flammes d'instants de ruches de
pivoines de poinsettias prophétique de chiffres pro-
phétique de climats

LE CHŒUR

hachoirs mes doux cantiques
sang répandu ma tiède fourrure
les massacres, mes massacres, les fumées, mes fumées font
une route peu limpide de jets d'eau lancés par les
évents de l'incendie

99

Laboure-moi, laboure-moi, cri armé de mon peuple.
Laboure-moi phacochère et piétine piétine-moi jusqu'à
la brisure de mon cœur jusqu'à l'éclatement de mes
veines jusqu'au pépiement de mes os dans le minuit
de ma chair...

LA MÈRE

Mon fils!

LE REBELLE

Une minute trop lourde ou trop belle pèse sur moi depuis
longtemps

PREMIÈRE VOIX TENTATRICE

je suis l'heure rouge, l'heure dénouée rouge.

DEUXIÈME VOIX TENTATRICE

je suis l'heure des nostalgies, l'heure des miracles.

LE REBELLE

Des femmes depuis longtemps je ne parle qu'à la plus ivre
qu'à la plus belle.

LA MÈRE, *se dévoilant :*

et la plus malheureuse est à tes pieds

LE REBELLE

A mes pieds? Je ne parle depuis longtemps qu'à celle qui
fait que la nuit est vivante et le jour feuillu.

LE DEMI-CHŒUR

Celle qui fait du matin un ruisseau de jonques bleues?

LE DEMI-CHŒUR

Celle qui fait...

LE REBELLE

que le silex est impardonnable. Femme du couchant
femme sans rencontre qu'avons-nous à nous dire?
A l'heure rouge des requins, à l'heure rouge des
nostalgies, à l'heure rouge des miracles, j'ai rencontré
la *Liberté*.

Et la mort n'était pas hargneuse mais douce
aux mains de palissandre et de jeune fille nubile
aux mains de charpie et de fonio
douce
nous étions là
et une virginité saignait cette nuit-là
timonier de la nuit peuplée de soleils et d'arcs-en-ciel
timonier de la mer et de la mort
liberté ô ma grande bringue les jambes poisseuses du
    sang neuf
ton cri d'oiseau surpris et de fascine
et de chabine au fond des eaux
et d'aubier et d'épreuve et de letchi triomphant
et de sacrilège
rampe rampe
ma grande fille peuplée de chevaux et de feuillages
et de hasards et de connaissances
et d'héritage et de sources
sur la pointe de tes amours sur la pointe de tes retards
sur la pointe de tes cantiques
de tes lampes
sur tes pointes d'insectes et de racines
rampe grand frai ivre de dogues de mâtins et de mar-
    cassins

de bothrops lancéolés et d'incendies
à la déroute de l'exemple scrofuleux des cataplasmes.

LA MÈRE

O mon fils mal éclos.

LE REBELLE

Quelle est celle qui me trouble sur le seuil du repos ? Ah,
il te fallait un fils trahi et vendu... et tu m'as choisi...
Merci.

LA MÈRE

Mon fils.

LE REBELLE

Et il fallait aussi n'est-ce pas à ceux qui t'ont envoyée,
il leur fallait mieux que ma défaite, mieux que ma
poitrine qui se rompt, il leur fallait mon *oui*... Et ils
t'ont envoyée. Merci.

LA MÈRE

tourne la tête et me regarde

LE REBELLE

mon amie, mon amie
est-ce ma faute si par bouffée du fond des âges, plus rouge
que n'est noir mon fusc, me montent et me colorent
et me couvrent la honte des années, le rouge des années
et l'intempérie des jours
le pus des jours de pacotille
l'insolence des jours de sauterelle
l'aboi des jours de dogue au museau plus verni que le sel
je suis prêt

sonore à tous les bruits et plein de confluences
j'ai tendu ma peau noire comme une peau de bourrique.

LA MÈRE

cœur plein de combat. cœur sans lait.

LE REBELLE

Mère sans foi

LA MÈRE

mon enfant... donne-moi la main... laisse pousser dans
ma main ta main redevenue simple.

LE REBELLE

le tam-tam halète. le tam-tam éructe. le tam-tam crache
des sauterelles de feu et de sang. Ma main aussi est
pleine de sang.

LA MÈRE, *effrayée :*

tes yeux sont pleins de sang.

LE REBELLE

Je ne suis pas un cœur aride. Je ne suis pas un cœur sans
pitié.
Je suis un homme de soif bonne qui circule fou autour de
mares empoisonnées.

LA MÈRE

Non... sur le désert salé et pas une étoile sauf le gibet à
mutins et des membres noirs aux crocs du vent.

LE REBELLE, *ricanant :*

Ha, Ha, quelle revanche pour les blancs. La mer indo-
cile... le grimoire des signes... la famine, le désespoir...

Mais non, on t'aura menti, et la mer est feuillue, et je lis du haut de son faîte un pays magnifique, plein de soleil... de perroquets... de fruits... d'eau douce... d'arbres à pain.

LA MÈRE

...un désert de béton, de camphre, d'acier, de charpie, de marais désinfectés,
un lieu lourd miné d'yeux de flammes et de champignons...

LE REBELLE

Un pays d'anses de palmes de pandanus... un pays de main ouverte...

LA MÈRE

voyez, il n'obéit pas... il ne renonce pas à sa vengeance mauvaise... il ne désarme pas.

LE REBELLE, *dur :*

Mon nom : offensé; mon prénom : humilié; mon état : révolté; mon âge : l'âge de la pierre.

LA MÈRE

Ma race : la race humaine. Ma religion : la fraternité...

LE REBELLE

Ma race : la race tombée. Ma religion...
mais ce n'est pas vous qui la préparerez avec votre désarmement...
c'est moi avec ma révolte et mes pauvres poings serrés et ma tête hirsute

Très calme :
Je me souviens d'un jour de novembre; il n'avait pas six

mois et le maître est entré dans la case fuligineuse comme une lune rousse, et il tâtait ses petits membres musclés, c'était un très bon maître, il promenait d'une caresse ses doigts gros sur son petit visage plein de fossettes. Ses yeux bleus riaient et sa bouche le taquinait de choses sucrées : ce sera une bonne pièce, dit-il en me regardant, et il disait d'autres choses aimables le maître, qu'il fallait s'y prendre très tôt, que ce n'était pas trop de vingt ans pour faire un bon chrétien et un bon esclave, bon sujet et bien dévoué, un bon garde-chiourme de commandeur, œil vif et le bras ferme. Et cet homme spéculait sur le berceau de mon fils un berceau de garde-chiourme.

LA MÈRE

Hélas tu mourras.

LE REBELLE

Tué... Je l'ai tué de mes propres mains...
Oui : de mort féconde et plantureuse...
c'était la nuit. Nous rampâmes parmi les cannes à sucre.
Les coutelas riaient aux étoiles, mais on se moquait des étoiles.
Les cannes à sucre nous balafraient le visage de ruisseaux de lames vertes
Nous rampâmes coutelas au poing...

LA MÈRE

J'avais rêvé d'un fils pour fermer les yeux de sa mère.

LE REBELLE

J'ai choisi d'ouvrir sur un autre soleil les yeux de mon fils.

LA MÈRE

...O mon fils... de mort mauvaise et pernicieuse

LE REBELLE

Mère, de mort vivace et somptueuse.

LA MÈRE

pour avoir trop haï

LE REBELLE

pour avoir trop aimé.

LA MÈRE

Épargne-moi j'étouffe de tes liens. Je saigne de tes
    blessures.

LE REBELLE

Et le monde ne m'épargne pas... Il n'y a pas dans le
    monde un pauvre type lynché, un pauvre homme tor-
    turé, en qui je ne sois assassiné et humilié

LA MÈRE

Dieu du ciel, délivre-le

LE REBELLE

Mon cœur tu ne me délivreras pas de mes souvenirs...
C'était un soir de novembre...
Et subitement des clameurs éclairèrent le silence,
Nous avions bondi nous les esclaves, nous le fumier, nous
    les bêtes au sabot de patience.
Nous courions comme des forcenés; les coups de feu
    éclatèrent... Nous frappions. La sueur et le sang nous
    faisaient une fraîcheur. Nous frappions parmi les cris

et les cris devinrent plus stridents et une grande
clameur s'éleva vers l'est, c'étaient les communs qui
brûlaient et la flamme flaqua douce sur nos joues.

Alors ce fut l'assaut donné à la maison du maître.

On tirait des fenêtres

Nous forçâmes les portes.

La chambre du maître était grande ouverte. La chambre
du maître était brillamment éclairée, et le maître était
là très calme... et les nôtres s'arrêtèrent... c'était le
maître... J'entrai. C'est toi me dit-il, très calme...
C'était moi, c'était bien moi, lui disais-je, le bon esclave,
le fidèle esclave, l'esclave esclave, et soudain ses yeux
furent deux ravets apeurés les jours de pluie... je
frappai, le sang gicla : c'est le seul baptême dont je me
souvienne aujourd'hui.

LA MÈRE

J'ai peur de la balle de tes mots, j'ai peur de tes mots de
poix et d'embuscade. J'ai peur de tes mots parce que
je ne peux les prendre dans ma main et les peser... Ce
ne sont pas des mots humains.

Ce ne sont point des mots que l'on puisse prendre dans
la paume de ses mains et peser dans la balance rayée
de routes et qui tremble...

La mère s'écroule.

LE REBELLE, *penché sur la morte ou l'évanouie :*

Femme, ton visage est plus usé que la pierre ponce roulée
par la rivière

beaucoup, beaucoup,

tes doigts sont plus fatigués que la canne broyée par le
moulin,

beaucoup, beaucoup,

Oh, tes mains de bagasse fripée, beaucoup, beaucoup,
Oh, tes yeux d'étoiles égarées beaucoup, beaucoup,
Mère très usée, mère sans feuille tu es un flamboyant et
il ne porte plus que les gousses. Tu es un calebassier,
et tu n'es qu'un peuplement de couis...

                                                    Pause.

UNE VOIX

Assassin, il a tué son maître

UNE VOIX

Assassin, maudit, il va tuer sa mère

UNE VOIX

Assassin à mort coupez-lui les mains

UNE VOIX

A mort, à mort, crevez-lui les yeux

UNE VOIX

C'est ça qu'on lui crève les yeux.

LE REBELLE, *aveuglé :*

Coursiers de la nuit, entraînez-moi.

LE CHŒUR

Le jour sous la pluie contagieuse une maison fermée
Le jour est dans la nuit empoisonnée une ville qui se
ferme.
O galérien, ô pèlerin, sous la pluie et dans la nuit sans
huis
tes pas voûtés, mes pas voûtés dans la percée sans mains

et sans oreilles sans eau et sans heurtoir torturée de
sentinelles

LE REBELLE

Coursiers de la nuit entraînez-moi...

> *S'avançant vers le chœur.*

Mes enfants je suis un roi qui ne possède rien

LE CHŒUR

O roi debout

LE REBELLE

...Qui ne possède rien

LE CHŒUR

O roi debout

LE REBELLE

Ravaudeurs du désert, baptisez-moi.

> *Il s'incline face contre terre les bras écartés. Se
> versant de la terre sur la tête et la nuque.*

Terre farineuse, lait de ma mère, chaud sur ma nuque,
ruisseau riche, demi-ténèbres, exige, dirige...

> *Il approche l'oreille du sol.*

Oh des pas; des sabots de chevaux, de rampements de
larves grossies dans la vallée de mes oreilles... je suis
atteint. Oh oh je suis atteint.

> *Il se redresse.*

Coursiers de la nuit entraînez-moi.

LE RÉCITANT

Et maintenant le voici le nautonier noir de l'orage noir,
le guetteur

109

du temps noir et du hasard pluvieux
il ne sait plus que l'orage
muré dans la passion noire du voyage noir
un vieillard têtu, fragile noire interrogation du destin
    dans le cycle
perdu des courants sommaires
mais sa bataille est avec les vents et les rocs
non avec son sexe et son cœur...

LE REBELLE

Va-t'en je ne suis qu'un vaincu
retire-toi
je ne suis qu'un coupé
donné et rejeté
je me dédie au vent absolu
moi moissonneur vaincu de la chair tiède
exalté dans le triomphe salubre des goélands.

Pause.

connaissez-vous Ouagadougou la cité de boue sèche

LE CHŒUR

Ne parlez pas ainsi

LE REBELLE

connaissez-vous Djenné la cité rouge?

LE CHŒUR

Oh ne parlez pas ainsi

LE REBELLE

connaissez-vous Tombouctou?

Ne parlez pas, ne parlez pas...

j'ai étendu mon mouchoir sur les eaux, sur les eaux de
    la mort.
j'ai étendu mon mouchoir, hé.
prêtez-moi un parasol pour le soleil de Ouagadougou.

Pause.

parce que j'avais tiré toute la nuit sur ma chaîne
parce que les mailles à force de japper s'étaient fixées
    dans ma chair clignotante et noire
les minutes autour de moi processionnent
comme une bande de loups efflanqués
comme un troupeau de coups de fouet
comme les nœuds d'une échelle de corde et de
    statuts
sujet indocile victime parfaite
défi rivé au front des mares
je ne converse pas avec les dieux
je ne guéris pas les possédés
qu'attendez-vous pour cracher sur moi
l'épais crachat des siècles
mûri
en 306 ans
trop tard il est trop tard
mes amis je n'y suis pour personne
pour personne
sauf pour l'inondation trop détrempée pour que les étoiles
    y éclatent
sauf pour la boue aux yeux brûlés au sexe brûlé
des filles courent dans mes yeux cahotés de luzernes
en faisant sonner leurs sabots de rivières

III

leurs voix d'arbres sans poussières
leur long corsage de pain de plaine
et voici
j'ai commandé pour mes funérailles
un troupeau de buffles sauvages
un cent d'eunuques des sacrifices des tumultes
un vol de couteaux de jet de sagaies de cuivre rouge
mon corps mon corps
brancard je ne jetterai pas le blessé aux chiens de l'aubé-
   pine

La lune monte.

LE REBELLE

lune pourrie
l'amant l'amante
l'arbre fétiche
l'amant l'amante
la colline est un grand seau d'eau qui ne finit pas de
   tomber dans la lumière des failles
des cils
des terres
le ciel a demandé au frangipanier ses empreintes digi-
   tales
fin des mondes des nombres
bien entendu on a menti je n'étais pas là
à l'adoration des mages; je n'ai pour moi que ma
   parole
par la grâce des terres jeunes et du bassin sismique
et des marais fleuris au front d'une blessure
phénix cicindelle catalpa lumière claire
ma parole puissance de feu
ma parole brisant la joue des tombes des cendres des
   lanternes

ma parole qu'aucune chimie ne saurait apprivoiser ni
    ceindre
mon grand désir sauvage nu noir sagace et brun.

Pause.

Ho ho
leur puissance est bien ancrée
acquis
requis
mes mains baignent dans des bruyères de clairin. Dans
    des rizières de roucou.
et j'ai ma calebasse d'étoiles grosses. Mais je suis faible.
    Oh je suis faible.
aidez-moi.
et voici je me retrouve au fil de la métamorphose
noyé aveuglé
apeuré de moi-même, effrayé de moi-même
Des dieux... vous n'êtes pas des dieux. Je suis libre.
Vos voix ne me jettent que la pierre de ma propre
    voix
Vos yeux ne m'enveloppent que de mes propres
    flammes
Vos couteaux de jet qui sifflent autour de ma tête
    jaillissent
du fourré de cactus de mon sang empoisonné
C'est égal. Les saules font des prairies de crotons
    rouillés
Les poinsettias m'entourent et dégorgent dans la bile de
    leurs feuilles
le poignard
rouge du souvenir
et voici les filles qui s'en mêlent
les voici les filles du feu
les chanterelles de l'enfer

les papillons de satin rouge aux ailes plus sonores que la parole et que la nuit.

leurs fesses balaient la nuit de leurs projecteurs

les lance-flammes mettent le feu à la brousse de leurs seins

de leurs reins

de leurs cuisses de lait brun de miel noir de miel rouge

He ho papa l'amour

mettez mettez le feu

mettez le feu de vos membres rouges

de vos cheveux rouges de vos pieds rouges

mettez le feu à la berge rouge de vos sexes rouges

bombaïa

bombaïa

Il tombe évanoui.

LE DEMI-CHŒUR

son dos appuie contre les jours

LE DEMI-CHŒUR

son dos appuie contre les nuits

LE DEMI-CHŒUR

Je me souviens des soirs, le crépuscule était un colibri bleu-vert jouissant dans l'hibiscus rouge.

LE DEMI-CHŒUR

Le crépuscule hésitait frissonnant et fragile parmi les criquets rapiéceurs de ferraille.

LA RÉCITANTE

Qu'il dorme.

LE RÉCITANT

Laissez-le dormir.

LE CHŒUR

Mornes, tuniques aux reins ceints de rivières.

LA RÉCITANTE

Qu'il dorme.

LE RÉCITANT

Laissez-le dormir.

LE CHŒUR

Manguiers d'avril, armes claires, îles.

LE RÉCITANT

laissez-le mûrir dans la belle gousse du sommeil.

LA RÉCITANTE

Laissez-le dormir,
dans son sommeil il y a des îles, des îles comme le soleil
des îles comme un pain long sur l'eau, des îles comme
un sein de femme, des îles comme un lit bien fait, des
îles tièdes comme la main, des îles à doublure de
champagne et de femme... Ah, laissez-le dormir...
dormir...

LE REBELLE, *tâchant de se relever puis tombant* :

Et laissez-moi, laissez-moi crier à ma suffisance le bon
cri saoul de la révolte, je veux être seul dans ma
peau
je ne reconnais à personne le droit de m'habiter

115

est-ce que je n'ai pas le droit d'être seul entre la paroi de
    mes os?
et je proteste et je ne veux pas d'hôte, c'est terrible,
je ne peux faire un pas sans que je sois agrippé
du ravin, de la montagne, du bayahonde, mâchant de la
    canne, suçant des cirouelles...
La statue que nous sommes en train d'ériger, camarades,
    la plus belle des statues. C'est pour les cœurs absolus
    avec sur les bras notre très grand désespoir à force de
    frémir, dans l'air lourd et dégagé d'oiseaux, la plus
    belle des statues, la seule où ne pousse pas l'ortie : la
    solitude

DEUXIÈME FOLLE

Tou-coi, chien; meurs donc. assez, assez.

LA RÉCITANTE

Qu'il dorme. Laissez les marsouins sablonneux s'avancer
    entre les hauts tessons de l'orage vers la mousse jeune
    et cavalière...

LE RÉCITANT

Un cheval... contre ses flancs battent les étriers vides.

LA RÉCITANTE

J'ai beau ouvrir les yeux, mon chemin est sans empreinte,
    mon œil sans ornière, la fraternité est si grande : un
    crépuscule d'arum plein de faims de pollen et de délires
    d'oiseaux.

LE RÉCITANT, *confidentiel* :

l'ai-je rêvée? c'était une ville clamée dont le pavé était

116

des ébats de dauphins et des pommes de raphia dont la poitrine sensible marquait les moindres fléchissements de l'amour...

Oh, je ne rêve jamais... et l'air s'est allégé. Et les bruits m'arriveront assourdis de plusieurs siècles. Et je les recueillerai sur ma poitrine de silence jusqu'à ce que vienne se débattre à mes pieds ce beau poisson essoufflé dans son agonie luxuriante de bête plus dorée et plus lisse que toutes les autres bêtes... la vengeance...

LE CHŒUR

je suis le tambourinaire sacré, il est celui qui dans l'éclairage tâtonnant et les relents lance d'un geste sûr sa paume ligneuse et le maillet, il est le roi des aubes et des dieux, il est le pêcheur roux des choses profondes et noires.

LE DEMI-CHŒUR, *absent* :

...une tache de soleil mûrissait d'or et rose sur la peau de l'eau.

LE DEMI-CHŒUR, *absent* :

Ho, ho, il y avait un bougainvillier saumon et le long gris clair d'un palmier l'embrassement constrictor d'une liane gorgée de venin bleu.

LE CHŒUR

Une aube juste battait sourire
Une aube juste battait espoir
Une aube juste battait de simples paroles plus claires que des socs de charrue...

et c'est toujours pour nous la saison des pluies
et des bêtes venimeuses
et des femmes qui s'écroulent enceintes d'avoir espéré...

LE CHŒUR

T'es-tu levé?

LE REBELLE

Je me suis levé.

LE CHŒUR

T'es-tu levé comme il convient?

LE REBELLE

Comme il convient

LE CHŒUR

Et c'est vrai; c'est mille fois vrai salut feuille morte

LE REBELLE

Ténèbres du cachot je vous salue.

UN GEÔLIER, *au public :*

Regardez-le, caricatural à souhait, la mine déconfite, la face blette, les mains frileuses, chef hypocrite et sournois d'un peuple de sauvages, triste conducteur d'une race de démons, calculateur sournois égaré parmi des frénétiques

LE REBELLE

Attaché comme une enseigne au haut bout du pays, je ne sanglote pas, j'appelle.

Nous avons miné l'écho, tes paroles brûleront comme des excréments.

J'ai acclimaté un arbre de soufre et de laves chez un peuple de vaincus
La race de terre la race par terre s'est connu des pieds
Congo et Mississipi coulez de l'or
coulez du sang
la race de terre, la race de cendre marche
les pieds de la route explosent de chiques de salpêtre

Tu expieras prisonnier de la faim, de la solitude, du désespoir

Non. Le paysage m'empoisonne des aconits de son alphabet. Aveugle, je devine mes yeux et le nuage a la tête du vieux nègre que j'ai vu rouer vif sur une place, le ciel bas est un étouffoir, le vent roule des fardeaux et des sanglots de peau suante, le vent se contamine de fouets et de futailles et les pendus peuplent le ciel d'acéras et il y a des dogues le poil sanglant et des oreilles... des barques faites d'oreilles coupées qui glissent sur le couchant.
Va-t'en homme, je suis seul et la mer est une manille à mon pied de forçat.

Pitié, je demande pitié

LE REBELLE

Qui a dit pitié?

qui essaie par ce mot incongru d'effacer le tableau noir et feu? qui demande grâce?

Est-ce que je demande grâce à mes yeux aveuglés?

est-ce que je ne subis pas mes visions irréparables?

et je n'ai pas besoin de harpon. Et je n'ai pas besoin de merlin.

Pas de pardon.

j'ai remonté avec mon cœur l'antique silex, le vieil amadou déposé par l'Afrique au fond de moi-même.

je te hais. Je vous hais.

Et ma haine ne mourra pas.

Aussi longtemps que le soleil obèse chevauchera la vieille rosse de la Terre.

Et maintenant le passé se feuille vivant

le passé se haillonne comme une feuille de bananier.

le cataclysme à la tête de scalp, à la cervelle de rouages de larves et de montres

au hasard des fables,

au hasard des victimes expiatrices

attend

les yeux chavirés de palabres magnétiques.

Liberté, liberté,

j'oserai soutenir seul la lumière de cette tête blessée.

Entre le messager.

LE CHŒUR

Ah, voici le digne messager de cette race cupide.

l'or et l'argent ont tissé leur teint pâle.

l'attente de la proie a busqué leur nez fauve

l'éclat de l'acier niche en leurs yeux froids

Ah, c'est une race sans velours.

LE MESSAGER

Salut.

LE REBELLE

O mes membres de mur bousillé
vous n'éteindrez pas de fatigue et de froid
mon cri fumant mon cri intact d'animal pris au piège.

LE MESSAGER

J'ai dit salut.

LE REBELLE

qui m'appelle? j'écoute je n'écoute pas.
il y a dans ma tête une rivière de boue d'ablettes de choses
  troubles et vertes, d'oiseaux morts, de ventres jaunes,
des miaulements entre-croisés giclés très près du bâillon
mes années convulsées peintes en feu
des plaques tournantes de marécages de cratères de
  fillettes violées
il y a dans mes oreilles
le peloton d'exécution dans les caponnières du matin.

LE RÉCITANT

une trompette guerrière a passé dans les airs : elle crachait
  de la poussière et de la fumée.

LE RÉCITANT

des singes gambadaient autour du lion à face d'homme.

LE REBELLE

je ne crains rien mes amis
aujourd'hui est un jour de connivence.

il est des jours amers à ma lèvre et le mangot qui tombe
   tombe lugubrement et les fleurs ressemblent à des
   ensevelies qui répondent de plus en plus faiblement,
   mais aujourd'hui je suis en paix et le filao me fait des
   signes et la mer me sourit de toutes ses fossettes et
   chaque mancenillier se double et se suicide de l'olivier
   propice.
jour de l'épreuve soyez le bienvenu.

Pause.

Eh bien, te voilà digne messager
pleins de flair ayant humé l'odeur du trésor proche nos
   maîtres t'ont délégué pour ouïr la révélation de nos
   petits secrets... c'est très bien... la civette n'accourt pas
   plus vite sur les pas de la gazelle.

Pause.

ravale ton message
je veux mourir ici
seul
tiens ne fais pas cette tête-là
je le connais ton message...
ma liberté n'est-ce pas ?
mais le colon le légitime du sucre de canne du clairin de
   la fève de cacao et de café
dressera aux quatre coins de notre lassitude sa gueule de
   table de matières et de requiescat
et il fera à nos négresses des mulâtresses
en paix c'est ça
hein ?
et puis encore ceci

Parodique.

bandes de salauds, reprenez le travail,
si vous ne vous exécutez pas presto le malheur est sur
   vous...

les anolis vous suceront la plante des pieds... les menfenils vous mangeront le foie... le tafia vous fera naître des termites dans la gorge... dans vos yeux nicheront les guêpes... et quand vous mourrez (de mauvaise graisse et de fainéantise), vous serez mauvais nègres condamnés à planter de la canne et à sarcler dans la lune où il n'y a pas d'arbre à pain... Eh bien c'est ça... entendu nous aurons la patience des termites, pour gentillesse, la gentillesse des crabes qui reculent quand on leur donne un coup de pied sur le museau, pour docilité celle des étoiles, celle des tiques qui éclatent sous le talon des nuages.

Délirant.

Oh, laissez-moi. laissez-moi. je veux être plus petit qu'un gémissement d'albizzia nué d'yeux... plus secret que la cornulaire au fond des mers, plus léger que la plumaria des profondeurs.

Haineux.

Eh bien, fous le camp je veux dire tu repasseras demain... c'est ça...

tu as compris... j'en étais sûr... on est tout de même mieux seul...

et sans rancune hein... et je pousserai d'une telle raideur le grand cri nègre que les assises du monde en seront ébranlées.

Le messager sort à reculons.

LA RÉCITANTE

je dis que ce pays est un ulcère

LE RÉCITANT

je dis que cette terre brûle

LA RÉCITANTE

j'avertis : malheur à qui frôle de la main la résine de ce
   pays

LE RÉCITANT

je dis que ce pays monstrueusement dévore

LA RÉCITANTE

ce pays est maudit
ce pays bâille ayant craché l'ankylostome Cuba, une
   bouche de clameurs vides

LE RÉCITANT

ce pays mord : bouche ouverte d'une gorge de feu conver-
   gence de crocs de feu sur la croupe de l'Amérique
   mauvaise.

LA RÉCITANTE

en marge des marées sautillantes je marche sur l'eau des
   printemps tournants et j'aperçois très haut mes yeux
   de sentinelles; l'insomnie à toute épreuve grandit
   comme une désobéissance le long des tempes libres de
   la femme à l'amphore, verseau, verseau tempête de
   germes, bouilloire.

LE REBELLE

je démêle avec mes mains mes pensées qui sont des lianes
   sans contractures, et je salue ma fraternité totale.
Les fleuves enfoncent dans ma chair leur museau de
   sagouin
des forêts poussent aux mangles de mes muscles
les vagues de mon sang chantent aux cayes,

je ferme les yeux
toutes mes richesses sous mes mains
tous mes marécages
tous mes volcans
mes rivières pendent à mon cou comme des serpents et
des chaînes précieuses

LE RÉCITANT

Il est debout dans le grondement du fleuve... de la rive
d'or cent guerriers lui lancent un cent de sagaies... sa
poitrine est lunée de cicatrices.

LA RÉCITANTE

C'est le jour de l'épreuve
le rebelle est nu. le bouclier de paille tressée est à sa main
gauche...
il s'arrête, il rampe... il s'immobilise un genou en terre...
le torse est renversé comme une muraille. la sagaie est
levée...

> *A ce moment un cortège du moyen âge africain envahit
> la scène : magnifique reconstruction des anciennes
> civilisations du Bénin.*

PREMIÈRE VOIX TENTATRICE

Ma voix froisse des mots de soie
ma voix souffle en ombelle des panaches
ma voix sans saison d'entre les vasques creuse
mille songes harmonieux
ma voix de cils aiguise juste mille insectes triom-
phants
ma voix est un bel oiseau flamboyant d'or
de mousseline de ciel de désir sans parade

mes voix humides roulent des ruisseaux de colombes sans
    effroi sur des galets de jaspe et d'ecbatane...

LE REBELLE

Quelle est la cachée qui me traverse d'or et d'argent et
    m'assiège de dangers de caresses inconnues?

LE RÉCITANT

j'ai interrogé les dés sacrés. je dis qu'il habite en toi un
    être royal sommeillant sur un lit étroit.

LE REBELLE

je dis que nous avons cloché un branle nouveau au monde
    en heurtant trois mots d'or...

PREMIÈRE VOIX TENTATRICE

Ha, Ha, Ha, des mots rien que des mots : veux-tu de
    l'argent? des titres? de la terre? Roi... c'est ça... tu
    seras roi... je jure que tu seras roi.

LE REBELLE

je tire un pied
Oh je tire l'autre pied
laissez-moi sans m'insulter de promesses me dégluer de
    la charogne et de la boue...

DEUXIÈME VOIX TENTATRICE

...un roi quelle aventure. Et c'est vrai qu'il y a quelque
    chose en toi qui n'a jamais pu se soumettre, une colère,
    un désir, une tristesse, une impatience, un mépris enfin,
    une violence... et voilà tes veines charrient de l'or non
    de la boue, de l'orgueil non de la servitude. Roi tu as
    été Roi jadis.

LE REBELLE

Fête de nuit
les maisons fendues filent leur coupe abstraite de
    serpents
fer de lance et de rosace
les villes sautent comme les moutons du vomito-negro
le fleuve grossi fait le paon
sur la digue rompue
des fenêtres s'ouvrent toujours
cessez la torture croisière des paradis barrés de tur-
    bations
au bord de la mer une campagne de rhum et de contre-
    bande
dédouble de soleils nichés
la fièvre lisse des jours.

LE CHŒUR

Bornou, Sokoto Bénin et Dahomey Sikasso
Sikasso
je sonne le rassemblement : ciels et seins, bruines et perles,
    semailles clefs d'or.

LE REBELLE

Martinique Jamaïque
tous les mirages et tous les lampornis
ne peuvent faire sonner d'oubli dormant
le coup de feu le sang gâché le chant d'acier
abîmes fraternels des roses de Jéricho

LE CHŒUR

Tu n'échapperas pas à ta loi qui est une loi de domi-
    nation

LE REBELLE

Ma loi est que je courre d'une chaîne sans cassure
jusqu'au confluent de feu qui me volatilise qui m'épure
et m'incendie de mon prisme d'or amalgamé

LE CHŒUR

goût des ruines; baiser funèbre; la lune décroît, le Roi
se cache.

LE REBELLE

Je ne veux pas être le grain de parfum où se résume et
se fête l'innombrable sacrifice des roses désarmées

LE RÉCITANT

Tu périras

LA RÉCITANTE

Hélas tu périras

LE REBELLE

Je périrai. Mais nu. Intact.
Ma main dans ma main, mon pied sur le sol,
quel est en passe de noyés et de nasses ce sombre écrou-
lement vers le couchant?
le monde assassiné d'ambages, pris dans le filet de ses
propres parenthèses, coule.
Nu comme l'eau
nu comme le regard unicorne de midi
comme le cri et la morsure
j'éclaircis de basses buées
le monde sans reconnaissance et sans gratitude
où la pensée est sans équivoque une fleur au cœur de
papillon
je veux un monde nu d'univers non timbré

et je suis jeune, je suis opulent de jeunesse, d'une enfance
   d'avant les portes et les fenêtres, d'une enfance de
   libation et d'holocaustes au fil des yeux au fil des
   heures.
je suis nu
je suis nu dans les pierres
je veux mourir

LA RÉCITANTE

Patience je regarde, j'ai regardé.
ma tête polaire engloutit les lueurs de cadavres les casques
   brisés les débris inconsolables

LE REBELLE

je ne suis pas un poulpe. je ne cracherai pas de la nuit et
   de l'encre au visage de la mort.

LA RÉCITANTE

une fille terrible brise sa coquille de désastre, des tireurs
   de coyotes se réveillent dans une hutte d'absinthe
   heureuse

LE REBELLE

approchez donc flammes effilées, paquets de frissons.
   Que la senteur des feux jette son javelot autour de ma
   tête.

LA RÉCITANTE

Et il n'y a plus maintenant qu'un homme perdu, tragique
   comme un moignon de palmier dans l'émeute banale
   et le champ de la foudre. Ses yeux poussiéreux s'élan-
   cent dans une steppe sans ombre et sans eau
et il mâche ombre et eau
une prière qu'il ne vendra pas

...ma prière de cobra... ma prière de murène dans les
    forêts de la mer
ma prière de lait de cactus dans les halliers du ciel...

LA RÉCITANTE

...j'ai regardé et les ponts sont coupés...
les étoiles ont débridé leurs cicatrices de sable

LE REBELLE

Ha, Ha
nous ne voyons plus
ha, ha,
nous sommes aveugles
aveugles par la grâce de dieu et de la peur
et tu ne vois rien parmi l'herbe nouvelle?
rien parmi le barattement de la terre et le convulsif chahut
    végétal
rien dans la mer n'est-ce pas?
Je vois, J'entends... Je parlerai...
O succion nouvelle de mon sang par le soleil vampire
ô assaut de mon roc par la nuit corsaire et mon aube a pété
    sous leur gueule ses fracas de midi et de goélands,
Ligotez-moi,
piétinez-moi. Assassinez-moi. Trop tard.
les heures débusquées sonnent sur les accalmies
et les fanaux de mouillage
les heures sonnent renifleuses
et s'allongent aux caresses de mes mains
les flammes s'allongent
moi aussi je suis une flamme
je suis l'heure

130

j'entends ce que dit le vent
la langue de brandon dans ma gorge desséchée

LE CHŒUR, *faisant fonction de foule :*

Il est Roi... il n'en a pas le titre, mais bien sûr qu'il est
roi...
un vrai Lamido... voici sa garde... les casques d'argent
s'enflamment au crépuscule

LE RÉCITANT

Le Roi a froid... le roi grelotte... le roi tousse

LA FOULE-CHŒUR

mes souvenirs délirent d'encens et de cloches... le Niger
bleu... le Congo d'or... le Logone sablonneux... un
galop de bubales... et les pileuses de millet dans le soir
de cobalt.

LE RÉCITANT

mes souvenirs brament le rapt... le carcan... la piste dans
la forêt...
le baracoon... le négrier.

LE DEMI-CHŒUR

ils nous marquaient au fer rouge...

LE REBELLE

Et l'on nous vendait comme des bêtes, et l'on nous comp-
tait les dents... et l'on nous tâtait les bourses et l'on
examinait le cati ou décati de notre peau et l'on nous
palpait et pesait et soupesait et l'on passait à notre cou
de bête domptée le collier de la servitude et du sobri-
quet.

131

LE RÉCITANT

Le vent s'est levé,
les savanes se fendent dans une gloire de panaches folles...
   j'entends des cris d'enfants dans la maison du maître...

LE REBELLE

j'entends des cris d'enfants dans la case noire... et les
   petits ventres pierreux pommés en leur mitan du nom-
   bril énorme se gonflent de famine et du noir migan de
   la terre et des larmes et de la morve et de l'urine

LE RÉCITANT

au nom de tous les désirs effrités en la mare de vos
   âmes

LA RÉCITANTE

au nom de tous les rêves paresseux en vos cœurs je chante
   le geste d'acier du matador

LE RÉCITANT

je chante le geste salé du harponneur et la baleine a soufflé
   pour la dernière fois.

LE CHŒUR

un oiseau et son sourire... un navire et ses racines... l'hori-
   zon et ses cheveux de pierres précieuses... une jeune
   fille au sourire d'herbe déchire en fines alouettes le vin
   des jours, la pierre des nuits...

LE REBELLE

Assez,
j'ai peur je suis seul
mes forêts sont sans oreilles mes fleuves sans chair

des caravelles inconnues rôdent dans la nuit.
Est-ce toi Colomb? capitaine de négrier? est-ce toi vieux
   pirate vieux corsaire?
la nuit s'augmente d'éboulis.
Colomb, Colomb,
Réponds-moi réponds-moi donc :
beau comme la matrice d'ombre de deux pitons
   à midi
l'archipel
turbulence d'orgues couchées
sacrifice de verres de lampes croisées sur la bouche des
   tempêtes
branle-bas virulent pris tout absurde dans le mouvement
   des pâtures et des scolopendres
c'est moi ce soir jurant toute la forêt ramassée en anneaux
   de cris violents
   Colomb, Colomb,

           ÉCHO. PREMIÈRE VOIX, *ironique :*
gloire au restaurateur de la patrie

           ÉCHO. DEUXIÈME VOIX, *ironique :*
gloire et reconnaissance à l'éducateur du peuple

           ÉCHO. LES CHANTRES, *braillant :*
salvum fac gubernatorem

                 LE REBELLE

Iles heureuses;
jardins de la reine
je me laisse dériver dans la nuit d'épices de tornades et
   de saintes images
et le varech agrippe de ses petits doigts d'enfants mon
   barrissement futur d'épave

LES CHANTRES, *braillant :*

salvum fac civitatis fundatorem

LE REBELLE

une tour
il y a des lézardes dans le mur : je vois une comète dessus
une forêt pleine de loups
et ils se promènent là dedans mitre en tête
un plat de champignons vénéneux
et ils se jettent dessus goulûment

LES CHANTRES INVISIBLES, *braillant plus fort :*

salvum fac...

LE REBELLE

allez-vous-en
allez
rats que je plains
rats qui vous apercevez que le vaisseau est pourri
allez allez en paix
enlevez d'ici vos carcasses peintes
vos carcasses pieuses.

LES CHANTRES, *braillant :*

salvum fac libertatis aedificatorem

LE REBELLE

un singe, je suis un singe qui par ses grimaces attroupe
    les escales de flaques d'eau de poudrières de déses-
    pérance de famine de vengeance rentrées, de détresses
    nucléées, de dévotions inavouables
et c'est toi que j'interroge
ô vent

134

calme face peinte de guano de contorsions
vent des déserts debout de cactus et de sphinx
calamiteusement
as-tu entendu quelque chose ?

LE RÉCITANT, *ricanant :*

l'armada du destin

LA RÉCITANTE

oh, la levée des bâtardeaux :

LE REBELLE

ici est ma quérencia

LA RÉCITANTE

... une houle de marsouins avant-garde de vocératrices et
de fossoyeurs
> *La scène est envahie par des prêtres de tous ordres
> qui bénissent frénétiquement.*

LE REBELLE

Nom de dieu,
mais foutez le camp, espèce de nom de dieu
est-ce que les bourreaux n'essaient pas leur hache sur
le billot ?
est-ce que les oiseaux de proie ne violentent pas le
cerne de leurs yeux ? est-ce pour vous voir que les
pyramides se sont cette nuit haussées sur la pointe
des pieds ?

LE RÉCITANT

nous sommes au moment où dans la nuit croulière
le piège sans murmure commence à fonctionner

LA RÉCITANTE

nous sommes au moment où l'ombre se projette sur le mur assassiné la main lourde

LE RÉCITANT

nous sommes au moment où nettoyée d'insectes et de parasites toute parole est belle et mortelle

LA RÉCITANTE

nous sommes au moment où la pluie meurtrière aiguise blanc chaque dent de pierre dans le champ

LE CHŒUR

Homme toutes les paroles d'aujourd'hui sont pour toi.
homme toutes les paroles d'homme ont les yeux braqués sur toi

LE REBELLE

Et moi je veux crier et on m'entendra jusqu'au bout du monde *(il crie)*
mon fils, mon fils.

LE RÉCITANT

le fils arrive

LE REBELLE

trois enfants noirs jouent dans mon œil
sollicités de chiens
et les galaxies ouvertes dans ma main foudroient le paysage
de plaintes
de lèpres

d'éléphantiasis
de non-lieu de déni de justice de lynchage de morts
    lentes
pikaninies
pikaninies
et votre rire indompté
rire de larves
rire d'œuf
votre rire de paille dans leur acier
votre rire de lézarde dans le mur
votre rire d'hérésie dans leurs dogmes
votre rire qui tatoue les monnaies sans qu'ils s'en
    doutent
votre rire irrémédiable
votre rire de vertige où s'abîmeront fascinées les villes
votre rire de bombe en retard sous leurs pieds de maîtres
toucan
vent du désastre
aspergé de liqueurs fortes
pikaninies rongés de soleil
attention à la tache maléfique du soleil
au cancer de soleil qui rampe vers votre cœur
jusqu'à ce que tombe
rire de vos pieds nus
le monde
grand vol fou de poule écrasée

Il rit frénétiquement.

LA RÉCITANTE

Le fils arrive

LE RÉCITANT

Le fils arrive

137

LE CHŒUR

attention le fils arrive

LE REBELLE

c'est bien : je demande une torche et mon fils arrive

LA RÉCITANTE

attention le fils arrive

LE REBELLE

un trésor, mais c'est moi qui leur réclame mon trésor
    volé,
et je veux avec mes mauvais yeux, mon haleine pourrie,
    mes doigts d'aveugle dans la serrure
supputer
ah, supputer sous leur calme et leur dignité et leur
    équilibre et leur mouvement et leur bruit et leur
    harmonie et leur mesure
ce qu'il a fallu de ma nervosité
de ma panique
de mes cris d'éternel clochard et de dés de sueur de ma
    face suante pour faire cela, mon fils
    Musique aussi hot que possible.
    La prison est entourée d'une foule porteuse de
    flambeaux vociférant des cris des insultes. Derrière
    les barreaux le Rebelle.

UN ORATEUR, *désignant le Rebelle :*

camarades c'est pour vous dire que cet homme est
    un ennemi public et un emmerdeur. comme si on
    n'en avait pas assez d'emmerdements ? bien sûr qu'on
    n'était pas heureux. Et maintenant camarades, est-ce

qu'on est heureux avec la guerre et la vengeance des maîtres sur les bras? Alors je dis qu'il nous a trahis.

LE REBELLE

cuve de scorpions.

LA FOULE-CHŒUR

A mort.

LE REBELLE

lâches j'entends dans vos voix le frottement de la bricole.

LA FOULE-CHŒUR

A mort, à mort.

LE REBELLE

dans vos voix de chacal la nostalgie des muselières

LA FOULE-CHŒUR

Mort, mort.

LE REBELLE

Ah, je vous plains âmes gâchées : toute la vieillesse du monde sur votre jeunesse cannibale sans espoir ni désespoir...

LA FOULE-CHŒUR

Tue tue à mort.

LE REBELLE

Malheur sur vos têtes. A moi ô mort, milicien aux mains froides.

vive la paix.

LE REBELLE

Vive la Vengeance
les montagnes trembleront comme une dent prise au
    davier
les étoiles écraseront contre terre leur front de femmes
    enceintes...

LA FOULE-CHŒUR

Écoutez-le, écoutez-le...

LE REBELLE

... les soleils arrêtés feront de nuit d'immenses cocotiers
    catastrophiques...

LE CHŒUR

Malheur, malheur.

LE REBELLE

Ah, vous ne partirez pas que vous n'ayez senti la morsure
    de mes mots sur vos âmes imbéciles
car, sachez-le je vous épie comme ma proie...
et je vous regarde et je vous dévêts au milieu de vos
    mensonges et de vos lâchetés
larbins fiers petits hypocrites filant doux
esclaves et fils d'esclaves
et vous n'avez plus la force de protester de vous indigner
    de gémir
condamnés à vivre en tête à tête avec la stupidité
    empuantie sans autre chose qui vous tienne chaud
    au sang que de regarder ciller

jusqu'à mi-verre votre rhum antillais...
âmes de morue.

LA FOULE-CHŒUR

Bravo, bravo

LE REBELLE

mes amis
j'ai rêvé de lumière d'enseignes d'or de sommeils pour-
    prés de réveils
d'étincelles et de peaux de lynx

LA FOULE-CHŒUR

Bravo, mort aux tyrans.

LE REBELLE

Et en effet des catacombes essoufflées de la fin et du
    commencement
la mort s'élance vers eux comme un torrent de chevaux
    fous, comme un vol de moustiques...

LE GEÔLIER

Silence.

LE REBELLE

Allons, bonnes gens, c'est vrai que je vous importune...
    et vous voudriez m'empêcher de parler... faites-moi
    peur, faites-moi bien peur, je suis très lâche vous savez :
    j'ai tremblé de toutes les peurs depuis la peur première

LE GEÔLIER

le gredin.

141

faites-moi peur, faites-moi très peur je vous dis. Et vous savez les bons moyens : serrez-moi le front avec une corde, pendez-moi par les aisselles, chauffez-moi les pieds avec une pelle rougie.

LE GEÔLIER

Tais-toi, nom de dieu.

LE REBELLE

percez-moi la bouche d'un cadenas rougi au feu

LA GEÔLIÈRE

il me tente

LE REBELLE

marquez-moi à l'épaule d'une fleur de lis, d'un verrou de prison, ou de vos initiales entrelacées tout simplement... c'est ça... ou d'un drapeau... ou d'un canon... ou d'une croix... ou d'un trèfle.

LE GEÔLIER

tous les diables de l'enfer tisonnent dans sa couenne noire

LE REBELLE

...ou bien de vos chiffres entrelacés ou bien d'une formule latine

LE GEÔLIER

Assez.

142

ils font les scrupuleux. Ne vous gênez pas, j'étais absent
  au baptême du Christ

LE GEÔLIER

ça se voit à l'œil nu

LE REBELLE

Et je m'accuse d'avoir ri de Noé mon père nu mon
  père ivre
et je m'accuse de m'être vautré d'amour dans la nuit
  opaque, dans la nuit lourde.

LA GEÔLIÈRE

frappe-le, frappe-le cela fera du bien à sa vilaine couenne

LE REBELLE

qui es-tu femme?
j'en ai connu des femmes.

LA GEÔLIÈRE

aïe, le goujat il m'insulte : le salaud il m'insulte tu
  entends?

LE GEÔLIER

Insolent, dégoûtant, singe libidineux
                Il le frappe; la femme le frappe également.

LE CHŒUR

que son sang coule

LE DEMI-CHŒUR

qu'il coule communniel

143

je ne pousserai pas de gémissements

O sang plus riche et salé que n'est doux le miel

LE REBELLE

Le Roi... répétez : le roi
toutes les violences du monde mort
frappé de verges, exposé aux bêtes
traîné en chemise la corde au cou
arrosé de pétrole
et j'ai attendu en san-benito l'heure de l'auto-da-fé
et j'ai bu de l'urine, piétiné, trahi, vendu
et j'ai mangé des excréments
et j'ai acquis la force de parler
plus haut que les fleuves
plus fort que les désastres

LE GEÔLIER

Dis donc il se fout de nous le moricaud... bien sûr
  qu'il fait le fou.
plus fort, encore plus fort...

Il frappe.

LE REBELLE

Frappe... frappe commandeur... frappe jusqu'au sang...
  il est né du sillon une race sans gémissements... frappe
  et lasse-toi.

LA GEÔLIÈRE

bûche; quelle bûche. c'est une bûche te dis-je... une
  drôle de race ces nègres... crois-tu que nos coups

lui fassent mal ? en tout cas ça ne marque pas *(elle frappe)*. Oh, oh, son sang coule.

LE GEÔLIER

il essaie de nous faire peur, allons-nous-en...

LA GEÔLIÈRE

Ah, il déraille sérieusement... c'est à mourir de rire...
Dis c'est marrant le sang rouge sur la peau noire.

LE REBELLE, *sursautant.*

des mains coupées... de la cervelle giclante... de la
charogne molle
pourquoi rester sous la pluie de scorpions venimeux ?
les tamanoirs égarés dans les époques lapent au pavé
des villes des fourmis d'aigue-marine. Les sarigues
cherchent entre le joint des équinoxes
un arbre roux un arbre d'argent
une volonté se convulse dans le mastic bourbeux des
fatalités et le cache-cache des vers luisants

Il s'écroule en gémissant.

LA RÉCITANTE

quelle nuit ; quel vent : c'est comme si le vent et la
nuit s'étaient furieusement battus : de grosses masses
d'ombre s'écroulent avec tout le panneau du ciel et
la cavalerie du vent se précipite au vol fouetté de ses
cent mille burnous

Le vent apporte des bribes de spirituals.

LE REBELLE

Tout s'efface, tout s'écroule
il ne m'importe plus que mes ciels mémorés

145

il ne me reste plus qu'un escalier à descendre marche
   par marche
il ne me reste plus qu'une petite rose de tison volé
qu'un fumet de femmes nues
qu'un pays d'explosions fabuleuses
qu'un éclat de rire de banquise
qu'un collier de perles désespérées
qu'un calendrier désuet
que le goût, le vertige le luxe du sacrilège capiteux
Rois mages
yeux protégés par trois rangs de paupières gaufrées
sel des midis gris
distillant ronce par ronce un maigre chemin
une piste sauvage
gisement des regrets et des attentes
fantômes pris dans les cercles fous des rochers de sang
   noir
j'ai soif
oh, comme j'ai soif
en quête de paix et de lumière verdie
j'ai plongé toute la saison des perles
aux égouts
sans rien voir
brûlant

LA RÉCITANTE

des malédictions écrasées sous des pierres palpitent
   en travers du chemin avec de lourds yeux de crapauds;
   un grand bruit dément secoue l'île par le ciel, les os
   tragiques se déroulent contre nature, une nuit mal
   drainée et malsaine fait le tour du monde.

LE CHŒUR

je me souviens du matin des îles

le matin pétrissait de l'amande et du verre
les grives riaient dans l'arbre à graines
et le vesou ne sentait pas mauvais
non
dans le matin fruité

LE REBELLE

je cherche les traces de ma puissance comme un dans
la brousse les traces perdues d'un grand troupeau
et j'enfonce à mi-jambes dans les hautes herbes
du sang.
pauvres dieux faces débonnaires, bras trop longs chassés
d'un paradis de rhum, paumes cendreuses visitées
de chauves-souris et de meutes somnambules
Montez, fumées, éclairez le désastre...
j'ai saigné dans les couloirs secrets, sur le sol grand
ouvert des batailles
Et
j'avance, mouche dédorée grand insecte malicorne et
vorace
attiré par les succulences de mon propre squelette en
dents de scie,
legs de mon corps assassiné violent à travers les bar-
reaux du soleil

LE RÉCITANT

dépecé, éparpillé
dans les terrains dans les halliers
poème éventré
émigration de colombes, brûlées arrosées d'eau-de-vie...

LA RÉCITANTE

L'île saigne

LE RÉCITANT

L'île saigne

LA RÉCITANTE

cul de sac de misère de solitude d'herbe puante

LE REBELLE

le caïman les torches les drapeaux
et l'Amazone debout d'hévéas
et les lunes tombées comme des graines ailées dans
   l'humus tiède du ciel
mon âme nage en plein cœur de mælström
là où germent d'étranges monogrammes
un phallus de noyé un tibia un sternum

> *Ici la prison est envahie des grandes ombres
> de l'hallucination et des réalités sombres du
> cauchemar.*

PREMIÈRE VOIX SOUTERRAINE

O roi

DEUXIÈME VOIX SOUTERRAINE

O roi debout

PREMIER CHUCHOTEMENT

chevaux de la nuit

DEUXIÈME CHUCHOTEMENT

Entraînez-le, entraînez-le

LE REBELLE

est-ce qu'ils croient m'avoir comme la laie et le mar-
cassin ?

m'extirper comme une racine sans suite?
Vaincu,
Afrique, j'ai de la frénésie cachée sous les feuilles
à ma suffisance;
je tiens à l'abri des cœurs à flanc de furie
la clé des perturbations
et tout à détruire
le soufre mon frère, le soufre mon sang
répandra dans les cités les plus orgueilleuses
les charismes de sa grâce
inutile de me contredire
je n'entends rien
rien que les catastrophes qui montent à la relève des
  villes

PREMIÈRE VOIX CÉLESTE

Tournesols de l'ombre, inclinez vos faces de boussoles
  vers le plus noir des minuits...

DEUXIÈME VOIX CÉLESTE

que l'on m'invente des tortures, que l'on sonne l'olifant,
  fil de toron
fil de toron

LE CHŒUR, *souterrain :*

voici ma main. voici ma main
ma main fraîche, ma main de jet d'eau de sang
ma main de varech et d'iode
ma main de lumière et de vengeance...

LE REBELLE

Dieux d'en bas, dieux bons
j'emporte dans ma gueule délabrée

le bourdonnement d'une chair vivante
me voici.....

Pause.

une rumeur de chaînes de carcans monte de la mer...
un gargouillement de noyés de la panse verte de la mer...
   un claquement
de feu un claquement de fouet, des cris d'assassinés...
...la mer brûle
ou c'est l'étoupe de mon sang qui brûle
Oh le cri... toujours ce cri fusant des mornes... et le rut
   des tambours et vainement se gonfle le vent de l'odeur
   tendre du ravin moisi
d'arbres à pain de sucreries de bagasse harcelée de
   moucherons...
Terre ma mère j'ai compris votre langage de cape et
   d'épée
mes frères les marrons le mors au dent
mes frères les pieds hors clôture et dans le torrent
ma sœur l'étoile filante, mon frère le verre pilé
mon frère le baiser de sang de la tête coupée au plat
   d'argent
et ma sœur l'épizootie et ma sœur l'épilepsie
mon ami le milan
mon ami l'incendie
chaque goutte de mon sang explose dans la tubulure
   de mes veines
et mon frère le volcan aux panses de pistolet
et mon frère le précipice sans rampe de balisiers
et ma mère la folie aux herbes de fumée et d'hérésie
aux pieds de croisade et de bâton
aux mains d'hivernage et de jamais
et de jujubier et de perturbation et de soleil baïonnetté
   Le Rebelle se met à marcher, à ramper, à courir

dans d'imaginaires broussailles, des guerriers
nus bondissent, un tam-tam bat lointainement.

LA RÉCITANTE

O la danse des étoiles sans nom... les savanes s'animent...
les pluies fument... des arbres inconnus tombent
palmés de foudre

LE RÉCITANT

Qu'est-ce qu'elle dit? qu'est-ce qu'elle dit?
                    A ce moment le Rebelle se redresse.

LE REBELLE

Les chenilles rampent vers l'auberge des bonnets de
coton... La cuve de la terre s'est éteinte... c'est bon...
mais le ciel mange du bétel... ha, ha le ciel suce des
poignards... aïe, je marche dans des piquants d'étoiles.
Je marche... J'assume... J'embrasse...
        Le Rebelle s'affaisse, les bras étendus la face contre
        terre, à ce moment des tams-tams éclatent, fréné-
        tiques, couvrant les voix.

LE REBELLE

Accoudé à la rampe de feu
les cris des nuages ne me suffisaient pas
Aboyez tams-tams
Aboyez chiens gardiens du haut portail
chiens du néant
Aboyez de guerre lasse
Aboyez cœur de serpent
Aboyez scandale d'étuve et de gris-gris
aboyez furie des lymphes

concile des peurs vieilles
aboyez
épaves démâtées
jusqu'à la démission des siècles et des étoiles.

LE RÉCITANT

Mort, il est mort

LA RÉCITANTE

Mort dans un taillis de clérodendres parfumés.

LE RÉCITANT

Mort en pleine poussée de sisal

LA RÉCITANTE

Mort en pleine pulpe de calebassier

LE RÉCITANT

Mort en plein vol de torches, en pleine fécondation de vanilliers...

LA RÉCITANTE

les secrets enfermés sous un tour de gorge montent dans le clocher du sang. Les femmes possédées dressent leurs mains savonneuses aux quatre coins du marais au cœur rouge; les soifs nouvelles s'écoulent, lunes cassées à même la miche d'eau, une pierre au front.

LE RÉCITANT

Kohol sans langueur l'atmosphère blasée de porte vide tient du miracle un ricanement de roucou précieux.

Une boussole meurt de convulsion dans une lande,
jatte de lait à la fin du monde

LA RÉCITANTE

dans la forêt les meurtrières coulent avec des rires de
    fontaine et les fleuves sans signaux trament l'aventure
    charnue des voyages virulents
sang nomade en coquetterie de mort et de genèses
gaspille du fond des pierres trouées et de la nuit des âges
le rire mortel des momies caverneuses

LE RÉCITANT

Tour des veilles, écroulez-vous

LA RÉCITANTE

Tour des vengeances, écroulez-vous plus bas que la
    parole

LE RÉCITANT

Plantes parasites, plantes vénéneuses, plantes brûlantes,
    plantes cannibales, plantes incendiaires, vraies plantes,
    filez vos courbes imprévues à grosses gouttes

LA RÉCITANTE

Lumière décomposée en chaque splendeur avare car-
    gaison de poissons d'or fruits fourbus
fleuve de force à mes lèvres foudroyées

LE RÉCITANT

Orgie, orgie, eau divine, astre de chairs luxueuses,
    vertige
îles anneaux frais aux oreilles des sirènes plongées
îles pièces tombées de la bourse aux étoiles

LE CHŒUR

grouillement de larves, talismans sans valeur
îles
terres silencieuses
îles tronquées

LE RÉCITANT

Je viens à vous

LA RÉCITANTE

Je suis une de vous, Iles

> *Le Récitant et la Récitante vacillent sur leurs
> jambes puis s'effondrent, le chœur sort à reculons.
> Vision de la Caraïbe bleue semée d'îles d'or et
> d'argent dans la scintillation de l'aube.*

Postface

MYTHE

Les sirènes rentrant leurs moustaches inopérantes
les lumières jaunes et rouges du soir et de la nuit
font en plein jour un van d'étoiles comestibles.
Attendant on ne sait quels hongres et quelles moissons
les fermes ne brûlent pas. On n'en revient pas de ne
pas voir les bêtes travailleuses du feu et du velours
dans les prairies à colocases des parois et des toits,
mais déjà crépitent les secrètes tendresses idéalement
situées dans le cœur des mots aux cheveux de météores.
Des dos sous la pluie épargnent le suc du paysage.
Plus loin le paysage lui-même à cache-cache avec
lui-même dans un jeu fragile de corridors de portes
battantes et d'armoiries. C'est bien mon butin — pas
de chien, pas de grand'mère. De fixe, l'heure couleuvre
aux frises aux tableaux mais au haut dominant les
antiques l'effroi rouge-bleu de l'Absence et nos yeux
fascinés par la pensée d'une poupée vengeresse aux
ailes de corbeau. Les hommes ? En un congé terrible.
Les femmes ? Sans laisse. Sans bague. Des rameurs ?
Des chauffeurs ? Sifflera pas la bête. Que les gratte-ciel
filent à contre-temps de poisson la généalogie fautive

de l'espace. Leurs yeux peuplés de melias azédarach les nègres sans piste sans pagne vous font de la main et de l'attente le geste lantane de la complicité. Où tombera le verdict? Une terrible inoccupation résiste dans la ville et menace. Cependant que la terre aînesse bâille tièdement aux matrices solennelles des convolvulus.

LA VIE ET L'ŒUVRE
D'AIMÉ CÉSAIRE

Naissance d'Aimé Césaire à la Martinique en 1913. Son père est petit fonctionnaire à Basse-Pointe.

Études au lycée de Fort-de-France, comme boursier.

Arrivée en France. Au lycée Louis-le-Grand, il rencontre Léopold Senghor qui lui fait découvrir l'Afrique.

Création en 1932 de la revue *Légitime défense* par des étudiants antillais communistes et surréalistes. Elle révèle à Césaire, Senghor et Damas des préoccupations communes. A eux trois, ils fondent *L'Étudiant noir,* journal où, pour la première fois, des écrivains noirs refusent les modèles littéraires des blancs et proclament leur négritude.

Il épouse une Martiniquaise, Suzanne Roussi.

Entrée à l'École Normale. Il détruit tous les poèmes qu'il a composés depuis le lycée. Il écrit *Cahier d'un retour au pays natal,* refusé par un éditeur. Des fragments en paraissent en 1939 dans la revue *Volontés.*

Retour à la Martinique comme professeur, avec sa femme, au lycée de Fort-de-France. En 1940, il fonde avec René Ménil, Aristide Maugée et quelques jeunes la revue *Tropiques* où paraissent des poèmes d'inspiration surréaliste qui seront repris dans *Les Armes miraculeuses.* C'est à travers *Tropiques* qu'André Breton découvre Aimé Césaire.

En 1945, Césaire est élu maire de Fort-de-France et député de la Martinique. Réélu constamment depuis (dernières élections : 1988 (législatives) et 1989 (municipales).

En 1958, il fonde, après sa démission du P.C.F., son propre parti (autonomiste), le P.P.M. (Parti Progressiste Martiniquais).

Bibliographie :

Cahier d'un retour au pays natal. Bordas (1945), avec une préface d'André Breton.

Les Armes miraculeuses, poèmes. Gallimard (1946).

Soleil cou coupé. Éditions K. (1948).

Corps perdu, poèmes (illustrations de Picasso). Éditions Fragrance (1949).

Discours sur le colonialisme. Présence Africaine (1955).

Cahier d'un retour au pays natal, poèmes. Présence Africaine (1956).

Et les chiens se taisaient (version théâtrale). Présence Africaine (1956).

Lettre à Maurice Thorez. Présence Africaine (1958).

Ferrements, poèmes. Le Seuil (1959).

Cadastre, comprenant *Soleil cou coupé* et *Corps perdu*. Le Seuil (1961).

Toussaint Louverture, étude historique. Présence Africaine (1962).

Œuvres complètes, 3 volumes. Éditions Desormeaux (Fort-de-France, 1976).

Moi, Laminaire, poèmes. Le Seuil (1982).

Théâtre :

La Tragédie du roi Christophe. Mise en scène Jean-Marie Serreau. Créé à Paris au théâtre de l'Odéon. Présence Africaine (1963).

Une saison au Congo. Mise en scène de Jean-Marie Serreau. Créé à Paris au T.E.P. Le Seuil (1965).

Une tempête, d'après *La Tempête* de Shakespeare, adaptation pour un théâtre nègre. Mise en scène Jean-Marie Serreau, T.E.P. Le Seuil (1969).

Certaines œuvres de Césaire ont été traduites en anglais, en allemand, en italien, en polonais, en arabe, en suédois et en japonais.

Ce volume,
le cinquante-neuvième de la collection Poésie,
a été achevé d'imprimer sur les presses
de l'imprimerie Bussière à Saint-Amand (Cher),
le 8 juin 1989.
Dépôt légal : juin 1989.
1ᵉʳ dépôt légal dans la même collection : mai 1970.
Numéro d'imprimeur : 8660.

ISBN 2-07-030063-3./Imprimé en France.

46694